美好生活的开始

——了解宝宝的大脑和行为

［美］诺伯特·赫谢考威茨 　著
［美］埃莉诺·查普曼·赫谢考威茨

申蔷　马平　译

科学普及出版社

·北 京·

图书在版编目(CIP)数据

美好生活的开始/(美)赫谢考威茨等著;申蕾,马平译.—北京:科学普及出版社,2008.1

ISBN 978-7-110-06540-2

Ⅰ.美… Ⅱ.①赫… ②申… ③马… Ⅲ.儿童–智力开发–研究 Ⅳ.G610

中国版本图书馆CIP数据核字(2006)第151255号

This is a translation of **A Good Start in life——Understanding Your Child′s Brain and Behavior** by Norbert Herschkowitz, M.D. and Elinore Chapman Herschkowitz., Foreword by jerome Kagan © 2003 Norbert Herschkowitz, M.D. and Elinore Chapman Herschkowitz. First published in English by Joseph Henry Press, an imprint of the National Academies Press, and the Dana Press. All rights reserved. This edition published under agreement with the National Academy of Science.

著作权合同登记　01-2004-6557

本文中文版权由美国科学院出版社授权科学普及出版社独家出版,未经出版者许可不得以任何方式抄袭、复制或节录任何部分

科学普及出版社出版

北京市海淀区中关村南大街16号　邮政编码:100081

电话:010–62103210　传真:010–62183872

http://www.kjpbooks.com.cn

科学普及出版社发行部发行

北京国防印刷厂印刷

*

开本:787毫米×960毫米 1/16　印张:12.25　字数：220千字

2008年1月第1版　2008年1月第1次印刷

ISBN 978-7-110-06540-2/G·2891

印数:1—5000册　定价：26.00元

作 者 简 介

诺伯特·赫谢考威茨博
士,瑞士人,儿科医生、神经科
学家。1957 年毕业于苏黎世
大学,获硕士学位。他对儿童
早期教育颇有研究,并在国际
著名的出版物上发表过数百篇文章,并著有多本儿童早期教育图书。

埃莉诺·查普曼·赫谢考威茨,美国人,毕业于德国蒙特豪利约克
学院,获学士学位,后就读于美国斯坦福大学,获硕士学位。她在伯尔
尼国立师范学院任英文教师 14 年。

内 容 简 介

　　《美好生活的开始》是一部非常优秀的作品,引用了当今最新的研究成果,用通俗易懂的语言讲述了儿童大脑发育的全过程。第一作者诺伯特·赫谢考威茨博士是瑞士著名的儿科医生和神经科学家,另一作者,他的妻子,埃莉诺·查普曼·赫谢考威茨是美国教育学家。夫妻二人联手写作了这本科学性和实用性并重的著作来帮助每一位家长认识和教育他们的孩子,让孩子们的生活有一个美好的开端。

　　本书侧重讲述了早期儿童的智力开发,是一部学术性和通俗性兼顾的科学育儿著作。本书按照儿童发育的时间进程进行编排,共4篇:作好准备;第一年;两岁;三到六岁。

　　本书从"子宫的日子——你在里面做什么呢?"和"出生——我在这儿"开篇,随着孩子们生日蛋糕上蜡烛的增加,作者告诉父母在每一阶段应该怎样去关心、认识自己的孩子。

　　本书讨论了有关儿童早期教育的许多关键问题。本书的一个重要特色是每节结尾设有一个"思考题"。这些思考题都是父母们十分关心的育儿话题,如"额外的刺激是否有助于宝宝大脑的发育?""音乐对宝宝的大脑发育有促进作用吗?""如何提升孩子的自信心?""如果我孩子是性格内向的人我该怎么办?"等。这些话题几乎包括了家长关心的所有儿童早期教育问题。

　　此外,书中还附有发育进程表和大脑发育进程图,科学地解释了早期儿童大脑发育的过程。书的最后一节是"给家长的十个指标",让父母们了解一个身心健康的6岁儿童应达到哪些指标。

序

近年来人们对大脑研究所取得的非凡的成果，尤其是对人类生命长河起源的生理变化方面的研究，纠正了约翰·洛克始于18世纪的关于心理发展的理论。那些有关于人类心理学方面的理论主宰了我们长达两个世纪。当在20世纪中叶我还是一个大学本科生的时候，教师们对于一些心理现象的解释持统一论调。他们只相信全球性的婴幼儿发育时间表，比如说婴儿出现的恐惧感、语言能力、羞耻感以及幼儿的推论方式等，在他们看来都是由于偶然性的奖励或惩罚的结果。即使是面对一个极端的心理现象如孤独症，不管你相信与否，他们都认为这是因为母亲的冷漠与严厉造成的。这种推论其实没有什么好奇怪的，但是令人吃惊的是我的同辈人对这些理论仍然深信不疑。一旦某些理论被知识阶层所接受，他们就会一直理性地将它维护下去，有时甚至会和政治思想领域相联系，于是对于这些理论教条般的维护其结果就变成了扭曲的经验主义。请记住在哥白尼之前，一些非常智慧的人曾深信太阳是围绕着地球转动的，邪恶的魔法可以让人迷失方向，壁炉里的烟灰本身就存在于燃烧的木块中。

现在让我们来感谢那些具有独创性的科学家们的辛勤劳动吧，正是他们让我们知道了在各种文化背景下的儿童，无论是在苏马托丛林里出生的婴儿，还是在巴黎市区公寓里出生的宝宝，到了他们六个月左右的时候，见到陌生人恐怕都会哭。这是由他们的生理发育控制大脑的成熟程度而决定的，比如，感觉器官是与前额脑皮层的颞叶组织有直接联系的。还有很多其他的生理现象也与大脑的成熟程度相关联。

神经科学家的一些新发现也促使了临床医生和其他研究人员注意到了个性化对在大脑中展开的神秘变化过程的影响。这些个性化的表象包括：婴儿不同的精神状态，集中精力的程度尤其是面对陌生人或突发事件时的反应。

对这些方面的研究是从近些年才开始的，所以到目前为止还没有把它们正式地编入到教科书或是文献中，以供家长们更好地去理解他们的宝宝。不过现在是时候了，爱丽诺和诺伯特·赫谢考威茨为将要出生的成千上万的婴儿的家长们提供了一本优秀的理论著作。在《美好生活的开始》这本书中，心理学和生理学说天衣无缝地结合在一起，科学道理浅显易懂而非故弄玄虚，值得一提的是书中的文字简明扼要，但又是建立在严谨的科学态度之上。

这本书中有一些非常独特的地方。作者正确评价认同能力与情感并不是独立存在的单个过程，而是存在于一个较大系统中的一部分。他们对从其他书中所引用的定论也采取了谨慎的态度。根据作者的观点，自然的最好的答案不是简单的是或否，而是也许。关于语言方面、对新生事物的反应、自我意识以及个性化的本性等话题的讨论，尤其是关于父母应该怎样看待宝宝的脾气秉性等是我所读过的所有著作中描写得最为详尽的。书中希望家长们通过各种渠道来看待一个孩子的智能，并且把它看成是复合的认同能力，而不是简单的智力能力。我想这样的建议一定会得到家长们的赞同。

在这本书中，作者很巧妙地避过了一些简明的指导父母如何给婴儿喂奶、洗澡、怎样和宝宝玩耍等话题。他们当然很清楚养育一个婴儿不是像烘烤蛋奶酥一样简单。不过小宝宝们是健壮的小人而不是易碎的瓷娃娃。值得注意的是，家长们自己也会发现，在小宝宝两岁之后，他们开始从曾经历过的类似事件中寻找经验，而正是这些经验而非摄像机拍下来的某个事件的精彩画面对一个孩子今后的心理状态起着至关重要的影响。很多出身于清教徒家庭，曾被父母严厉惩罚过的孩子在成长的过程中并不需要职业性的心理治疗，因为他们坚信父母的斥责是出于某种善意，是在帮助他们形成一个完好的人格。尽管作者在书中没有明显的政治倾向，但他们仍然表明了一个坚定且合理的立场：他们相信父母把孩子当成家庭的一员来进行交流非常重要，让孩子既有特权又有责任感。越来越多的中产阶层的父母让自己的孩子动手做一些19世纪孩子必须做的家务劳动，例如洗衣服、劈木柴这样的简单体力活。重要的不是这件事情本身做得如何，而是让孩子从中体验到了为全家人作一份贡献的快乐。当孩子认为自己也为这个家庭作过贡献时，他就不会不停地让你重复说你有多么爱他或是用物质来表明他在父母眼中的价值。作者建议父母应将自己的孩子当做朋友来对待，而非看做是纯种赛马在将来的某一天给他们带来荣誉与富贵，这一点我表示非常赞同。

　　不管怎么说，作者从不同的角度明确地表明了父母对孩子的影响是任何人所不能替代的。这个观点也是建立在科学依据之上的。在不同家庭背景中成长起来的孩子能力与动机不同。而同一个家庭出来的孩子尽管他们去的幼儿园或学校不同，但他们的价值观却惊人地相似。

　　最后，尽管作者在书中不断阐明父母应该和自己的宝宝交流，与他们玩耍，尽量去理解他们的想法，但也同样强调了让孩子品尝自己胜利喜悦的重要性。一对聪明的父母就像游戏中的领队，他们引导孩子如何去做，但是在最后的时刻给孩子提供足够的自由空间，让孩子觉得每一步的胜利都是他/她自己努力的结果。

　　这本书给一些经常会产生疑问的父母提供了答案，由此它不仅深化了父母对孩子的影响，同时也给予了父母完成好养育子女这个独特的使命积极的支持。

杰罗姆·卡根
哈佛大学心理学教授

目 录

前　言

　　训练宝宝的大脑。有一天，我漫步在波士顿市马萨诸塞大道，经过一家CD商店，在排列整齐的无聊CD中突然有这样一张封面吸引了我的视线。画面上的婴儿甜甜地笑着，表情中又带有一丝警觉，"音乐的魅力"几个字足以激起我的好奇心，让我毫不犹豫地取下这张盘，走向了收款台。同样鬼使神差地我还买了1999年9月13日出版的《时代周刊》。因为它的封面上赫然出现的大标题："智商基因？"文章建议人们采用基因移植方式使人类变得更聪明。

　　我们每个人都想为我们的子女提供最好的条件，我们的生活经验也时刻提醒我们在这个瞬息万变的世界中，如何在大量的信息中迅速获取有价值的东西，怎样才能找到解决我们日常问题的突破性的新方法以及怎么才能够更好地控制我们的情感并且有效地与他人交流，所有这些对我们的日常生活是多么的重要。鉴于大脑在所有这些活动中所能起到的至关重要的作用，我们极其渴望听到有关大脑方面研究的新成果。

　　我们所处的是信息时代，同时也是迷茫和焦虑的时代。刊登在报刊中主导地位上的许多文章各持己见，甚至理论完全相悖，它们指导着我们的生活，告诉我们应当做什么，不应当做什么。对做家长的来说，就如同要在漩涡中抓住救命的船舷，赶上这条生命之船。

　　让我们还是回头来听听科学家们的意见，看看他们可以从哪一个角度来帮助你利用大脑的发育找到一个健康的平衡点，让你在宝宝的认同能力、感情及社会性发展方面既不感到压抑又不失去控制。你一定想知道是不是你错过了宝宝的某个特别的生理发育阶段从而导致你失去了补救的机会。你也许扪心自问过是否真的有什么智商遗传基因？或者你对每一个宝宝所展示出的独特的性格感到惊奇的同时也非常想了解为什么会这样？不仅仅是你一个人，其实社会学家、心理学家、儿科医生以及神经科学家们都在思索同样的问题。在本书中我们简明地概括了一些相关学科的研究成果，希望为你提供一个丰富自己经历及学识的机会。

　　对于新成果的吸收我们还不能采取操之过急的态度，并不是所有的理论都可以有立竿见影的效果。两件同时发生的事情也并不一定具有因果的关系。大脑本身是一个巨大的网络，拥有无数个子系统并同时运作。比如说，不止单独一个系统在负责记忆或集中精力这一功能。通过对动物试验的观察，我们可以得到非常有价值的关于基本的脑神经行为及运作过程的信息，但所有这些结果还都有待于得到人类在类似方面的证明。随着科技的迅猛发展，我们现在已经有可能运用入侵式技术来直接观察人类大脑内部的组织与功能之间的关系。所以说我们正处在一个令人激动的新时期的起跑线上。

本书是合作的产物，是建立在一个三十四年美国与欧洲的对话、神经科学与教育学的对话以及儿科专家与家长对话基础之上的。简单地说，大家决定由我来写前言，这样我们就可以避免像第三者一样必须互称名字，之后诺伯特的"声音"会贯穿全本书，但实际上这本书是我们合作的结晶。

诺伯特和我是在斯坦福大学第一次见面时就发现我们都对儿童发育感兴趣，当时我们在学生会组织的一次活动中在树荫下喝茶聊天。尽管我们在1967年就有了要撰写一本相关方面著作的想法，但等真的落实到行动上却是很多年之后了。在此期间，诺伯特曾在瑞士伯尔尼大学的儿童医院担任儿童发育系主任。这个系是一个多学科的研究小组，其中包括心理学家、精神病专家、神经科专家以及生物化学专家等，把基础大脑发育作为共同的研究课题。与此同时我们还养育了两个双语的孩子，我则在一所师范学校教授英语。让我感到震惊而且有些不可思议的是小孩子们可以不费吹灰之力就能自如地在两种语言之间相互切换，同时让我头疼且迷惑的是对于我的一部分学生来说连学会一些最基本的语法现象都有些困难。我生活在欧洲，但是每年我们都有一段时间是在美国和家人度过以及和学界同行们进行交流的。因此我们也有机会了解到不同的培养及教育子女的方式。不过，尽管方法与方式不同，但有一点是相同的，那就是父母对孩子所寄予的期望以及对孩子未来的担忧。

作为一位母亲和一名教师，身上的双重责任让我长期以来对诺伯特关于神经科学及儿童发育方面的研究产生了更加特殊的兴趣。在共同为《科学》杂志撰写文章、共同出席相关会议以及为公众演讲准备讲稿的过程中，我越来越深地意识到大脑以及相关科学的研究对于儿童的发育起着多么至关重要的作用。我并不是一个从事科学研究的人，对我来说理解一些基本的科研成果是有一定困难的。对于神经科学家们来说，与我这样一个外行、对小说的兴趣可能超过对神经元的兴趣的人，怎样才能找到正确合适的语言进行交流并非一件容易的事。

有两件事促使我们为撰写这本书做了准备。第一件事发生在七年以前，当时诺伯特开始和哈佛大学心理系杰罗姆·卡根以及杜塞尔多夫脑科研究院卡尔·兹勒合作，他们的研究课题是婴儿的大脑发育及行为。这项研究为我们在儿童心理学及大脑生物学方面拓宽了新的视野。我们非常感谢与我们合作过的人以及他们带给我们的经历。

第二件对我们的撰书有促进作用的事是我们与纽约达娜基金会成员马奥尼夫妇之间的会面。他们认为科学家与读者之间应该是相互感染与相互激励的关系，在他们的激情感召下，我们决定动手撰写此书。

大自然赋予了人类繁衍及喂养下一代的本能，但是它并没有提供给我们一个全球适用的如何为人父母的模式。因此，当家长的一定要根据前人所提供的经验，每一个孩子所处的家庭环境，对孩子的期望，以及考虑适应社会等因素来调整自己对待孩子的方式、方法和态度。你的常识加上你对你的宝宝的神经系统发育的了解，以及掌握他与身边环境的交流方式等，所有这些知识对家长来说就是一个非常有价值的行为指导。

我们的大脑在任何方面如思维、感觉以及行为都起着至关重要的作用。大脑作为我们身体中的一个器官，汇集并转译了来自于身体其他器官的大量的信号，与此同时它还给器官与器官之间提供了联系。大脑还是我们记忆、学习和行动的基石。同时它还是我们感情的枢纽。古希腊人希波克拉底曾直言："我们的愉悦、欢乐、开怀大笑和趣味横生的源泉与我们的忧伤、悲痛、焦虑和眼泪都来源于同一个地方——大脑。"希望与渴望由大脑而产生，为了实现某个目标所采取的必要策略也源于此。

由于所有控制我们身体最重要功能的如血压、呼吸、抵抗感染病毒的能力与激素释放的中心就坐落在大脑里，因此大脑对我们身体健康状况以及如何面对一个具有挑战性情形都起着或多或少的作用。一些关于感情敏感程度和承受精神压力程度方面的最新研究结果表明，大脑与身体之间的关系对此会产生直接影响。

关于儿童大脑迅猛发育的报道经常会让人联想到一个推论：孩子出生后的第一年是最为关键的发育期甚至对孩子的一生都起决定性的作用。无论如何，就像约翰·布尔在他的著作《神秘的前三年》中指出：我们有必要区分出人类自然发育过程与一些依靠外界力量的引导性发育过程，如文化背景和特殊的个人经历。

大自然为人类大脑的发育只提供了一些基本的基因遗传和一个全球通行的发育阶段表，也就是说每一个人的发育除了遵循基本发育规律外，因人而异的发育空间非常大，这也为婴儿离开子宫面对外面的世界提供了良好的条件。我们不用刻意去教一个孩子听或看。小宝宝们自己就可以学会坐稳、站立和行走。同时他们还可以从每天听到的语言中学会表达自己的意图。只要他的感觉器官和神经系统没有受到过任何损伤，他所处的身边环境就足以使他的各个系统得到自然的发育。但有时一些关键的时期被错过的事也有可能会发生，例如，一个小孩子能够看到一件物体的层次主要是靠他两岁之前的视觉体验。因此视力问题一定要尽早得到矫正。

有一些能力的开发是要靠特殊经验的积累，通过举例说明或者直接的引导才有可能学会。具体的情况还要看婴儿所处的文化背景。所有的文化都有自己独特的对待感情和与社会中的其他成员交往及交流的模式。另外，每个社会的需求也不同。在印刷术发明之前，能够长时间保持记忆以及较好的表述能力具有非常的价值。后来，读和写取代了它的位置。如今，掌握使用电脑和从中提取想要得到的信息就显得更为重要了。

出于对这些需要文化背景来衬托的技能，现代科学给大脑的发育带来了好消息。某些能力的获得与生物钟所决定的"关键"期没有任何关联，从某种意义上讲，如果大脑在某个阶段没有获得信息，在以后它就无法与之形成必要的关联。不过无论如何我们还是知道儿童在某些阶段是特别适于学习一些技巧的，这意味着在这样的年龄段可以相对容易地掌握一些知识，比如在12岁以前学习第二外语要比成年以后开始学习要省力得多。

你的小宝宝的第一年对他未来的一生很有影响，但并不起决定性作用。随着他年龄的增长，他所处的环境对他的影响和来自于家庭的影响都会日趋增加。同时他也会在基因与个人经历相结合的基础之上以及周围环境所提供给他的机会中作出自己的选择。他还有可能选择新的另外的行为模式，去适应自己心目中全新的理想生活与崭新的想法。他的个性和大脑会在一生过程中持续发展。

不过，每一个发展的阶段都会给下一个发展阶段带来或多或少的影响。儿童的早期发育尤其关键的是因为在这个阶段大量的下意识的东西在形成，比如他的生活习惯和态度，当然他会以你的行为做榜样。所有这些对于他或她将来如何面对家庭以外的事物都会起到一定的作用。一个孩子在幼儿园或者学校最初的表现如果是良好的话，那么对于他今后的学习和社交能力的发展都有益处。

有很多事情是你可以做的，比如，激发你的宝宝的好奇心和想象力，你可以帮助他战胜恐惧感，同时教授给他为了达到某个目的所需要做出的必要的策略和步骤，把问题当做"挑战"去面对而不仅是紧张得束手无策。你可以鼓励你的孩子通过提高语言表达能力来帮助他更多地了解发生在他身边的事情以及更好地与他人交流。你可以帮助你的孩子理解到他的行动或是沉默都会给某些事情带来后果。你也可以鼓励他通过独自完成一些事情来建立起他的责任感，你还可以培养他的同情心，让他对别人的感受与需要有更深的体会，以此将他从自己的小世界里拉出来，让他心胸开阔去考虑家庭中以及社会中其他成员的需要。做家长的应该让孩子感觉到自己是"我们"当中的一员而不仅仅是孤独的"我"。

我们的书是从宝宝在子宫里的生活开始，讲解怀孕期间胎儿的大脑发育，以及为宝宝出生后的生活做准备。在前三章里，我们按时间顺序结合我们对人类大脑发育方面所掌握的知识来展示一个孩子基本能力的发育过程。

在此书中我们除了提供给读者人类大脑发育在不同阶段的共性之外，我们还解释了孩子的个性化发育。我们通过对实例的解释来帮助你更好地了解宝宝的性格以及他个人成长发育的道路。不过，这本书并不能代替专业的儿童心理、认同能力、感情和社会性发展的专著。

由于我们的脑子里不断涌现出多年来诺伯特和他的同事们治疗和研究过的孩子们的面孔，我们觉得无法用一个抽象的概括性的孩子来贯穿全书。所以我们饶有兴趣地设计了一些假想中的人物，他们就如同所有曾和我们在一起摸爬、蹒跚学步和从走到跑的孩子一样。书中的父母艾伦和黛博拉以及他们的两个孩子艾米丽和安德鲁，还有艾米丽的小玩伴们，他们可以代表大多数遵循具有全球性发育规律，并发育正常的孩子的身体状况以及我们所观察到的个性化的发展。

我们在书中引用了"家长"一词，实际上它包括了所有照顾孩子的人。让人觉得非常有意思的是只有对人类来说，祖父母在孩子的成长过程中也起一定的作用。由于宝宝是有性别的，所以我们在书中轮换使用了"他"或"她"来描述所有宝宝共同的行为。

在每一章节的结尾，我们都给大家留出了"思考题"。在这里我们汇集了以往的讲座和日常生活中经常碰到的问题，比如：胎教是否对大脑的发育有好处？早期儿童教育到底有多么重要？为什么成长在同一家庭的孩子性格却截然相反等？所有相关章节中的理论和对问题的解答都是建立在这些领域的最新研究的基础之上的。

为了帮助你在复杂的大脑结构中理清思路，我们在书的中间部分为你提供了一节"发育进程"（见81页），在这里展示了成年人大脑的构造和名称。你可以参照此节中的图加上附录中的词汇表来查阅你不懂的专业名词。

我们衷心地希望这本阐述儿童发育和内心交流的知识性读物能够给你帮助，给你的宝宝创造一个良好的成长环境，让你成为鼓励他的坚强后盾，激励他无论是作为一个独立的个体还是社会中的一员都健康地成长；同时，在他身心发育的过程中，你们能够找到共同探索的乐趣。

埃莉诺·查普曼·赫谢考威茨

第一篇

做好准备

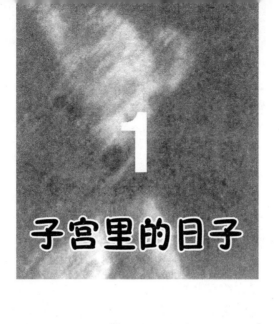

子宫里的日子

化验结果为阳性！到目前为止，你可能已经无数次地听到过那些刚刚为人父母的朋友们是怎样乐不可支地描述着他们的孩子，小宝宝们是如何地令人着迷以及小宝宝给他们带来的喜悦与苦恼。而现在终于要轮到你加入父母俱乐部了。你自己的宝宝会是什么样子呢？他会不会是个淘气的男孩，喜欢敲鼓、和你下棋或是陪你到树林中去散步？也许她会是一个具有管理才能的女孩，将来接管家族生意？无论怎么说有一件事是肯定的，那就是：你会竭尽全力让这个家庭新成员有一个最美好的生命开端。

在怀孕最初的几个星期，当你还琢磨着孩子对你这辈子来说也可能只是一个梦想的时候，他就已经开始在你的身体中悄然孕育了，而且他可是一个真正独立的个体。在他刚刚 20 天左右，宝宝的心脏肌肉就开始震颤，几天以后，宝宝未来的四肢形状就开始显现。而宝宝的大脑发育得更早且必须如此，因为它要完成一项重任，就是在短短的 9 个月的时间里，为宝宝脱离子宫后的生存做好一切准备。

大脑的逐渐成形

当胚胎在母体中孕育了 2~3 周，还只有 1/2 英寸(1 英寸=2.54 厘米)长的时候，大脑就开始成形 (生物学家和医务工作者把存在于母体不足 3 个月的胚芽叫胚胎，出生前叫胎儿，而家长们当然喜欢叫他们小宝宝)。就如同一个画家准备作画那样，未来大脑的雏形已经有了浅显的轮廓。大脑最初的形状和以后增长的速度都是由宝宝的基因来决定的。有些组织在出生前就开始发挥作用了，而其他的日后会慢慢起作用。

在第一个月末，一个将大脑分成左半脑和右半脑的裂缝会出现。由此也引出了一个充满想象力的学说，那个关于"左半脑和右半脑"中的哪一个更能影响人的性格、性情和个性的理论。虽然两个半脑会逐渐地各有专长，但它们永远是合作关系并且相互补充。

到了差不多 7 周时，宝宝的大脑和身体的发育开始有性别倾向。如果宝宝的基因呈男性，那么根据指令，一个男性性器官开始形成并且开始制造睾丸素，这一切将影响大脑的构造使之有男女之分，从而也影响着大脑发育的进度。

大脑中的一切都在迅速构造中，巨大数量的神经细胞也正在悄悄地形成一个庞大神经系统。宝宝在子宫的第二到第七个月中，形成的数以千亿的神经细胞就是神经元，它们的数量大约有银河系中一半的星星的数量。这意味着每分钟有 25 万个神经元成形，我们一般认为神经细胞在我们出生之前就定型完毕，但最近的研究结果表明，有些神经细胞甚至是在我们成年之后才完全成形的。

从它们开始成形的那一刻起，宝宝大脑中的基因事先预留出了一个位置，所有尚未成熟的神经细胞就被逐步运送到此。为了使你更明确这个迁移的距离，神经科学家帕思可·瑞克指出，如果神经细胞用人的规模举例的话，那么就相当于全美国的人从一侧海岸迁移到另一侧的海岸。最开始形成的神经细胞理所当然地占据最近的位置，而那些后来者不得不穿过它们去寻找新的落脚点。只有极少数的几个神经元在长途跋涉中迷路，这不能不称之为奇迹。无论如何，如果大量神经细胞们真的迷路的话，比如说一次感染的后果，那么大脑发育将会受到影响，因此而形成例如大脑性麻痹、癫痫、大脑发育迟钝及孤独症等疾病。

在形成过程中，神经元会根据日后的不同作用而开始形成特殊的形状。它们中的一些会长成神经细胞树突用于接受和传递信号。另外一些则发展成神经细胞轴突，将信号传递到更远的地方。根据它们不同的终极目的地，两个神经元会像两个初来乍到的新学生一样，积极地寻求接触，慢慢地构成一个神经突触。著名的西班牙神经科学家瑞蒙·卡亚曾浪漫地将这一接触称作"原生质的吻"，因为这种突触是树突和轴突上的一个神经元与另一个神经元的轻轻接触。称为"神经传递者"的化学使者物质将细胞信息从一端传到另一端。

宝宝在子宫里的第七周，这些神经传递者的作用已经是很明显的了。在大脑发育的初期它们刺激大脑，对大脑的发育起着决定性的作用，到后来它们成了"信息使者"，几周后，突触才开始形成。不过，大多数的突触实际上是在出生后才正式形成的。

形成突触对神经细胞来说是生死攸关。那些不能找到或未能建立起连接的神经元就会干枯凋谢并且自然消失。这一过程称为细胞死亡。这听上去对神经元来说简直就像是一场悲剧，但对大脑发育来说它又让其他神经元有了更广阔的空间去建立更重要的链接。

第一次胎动

想象着你正安静地躺在床上，思考着你的孕期已经过半。突然你感觉到了颤动，下腹部好像被撞了一下似的，就像是有什么东西在你的子宫壁上运动。是的，他动了，接着他又动了一下！你赶紧叫来宝宝的爸爸，如果他动作快的话，他还来得及用手感觉到宝宝在你腹中的运动。

迄今为止，我们还只能通过想象来感知宝宝在温暖黑暗的子宫里做些什么。虽然现代先进的超声波技术还不能像摄像机一样为我们提供清晰的画面，但至少也能让我们大概知道胎儿在子宫中的活动。超声波检查已是常规检查中的一项，对胎儿没有任何伤害。

其实在此之前的很长一段日子里宝宝就已经开始活动了，只是妈妈自己还不能够感觉到。早在怀孕的第二个月末的时候，胚胎的肌肉就开始了扭动，这种肌肉运动是不对称的，胚胎右侧肌肉的运动要多于胚胎左侧的肌肉。

到了 3 个月左右，宝宝的运动就更像是为出生后的日子做些"练习"。他不再是全身性的运动或扭动，而是试着抬四肢中的一个，比如说一次动一只胳膊或一条腿。同样的，胎儿右边胳膊或腿的动作要多于左侧的。

这种做单臂单腿运动的可能性还是要归功于脊柱神经已经发育得足够长，大脑发出的信息已经能够传递到肌肉上。也就是说脊柱神经上的神经已经能够发出信息来支配肌肉的收缩或舒张。

宝宝不仅仅是练习活动他的胳膊和腿，而且还练习基本的吃喝及呼吸运动。他开始张合他的下颌，动一动他的小舌头，做往里吸和吞咽的动作。我们甚至还可以观察到出生前他是怎么打哈欠和打饱嗝的。几个星期后，胎儿还可以吮吸大拇指，当然，毫无疑问，他通常吮吸的是右手大拇指。这一切都表明，胎儿的脑干发育良好，一切正常。

通过对嘴部运动的观察，彼得·赫伯和他在贝尔法斯特皇后大学的同事们对 4~5 个月的胎儿性别有了一个新发现。运用超声波技术，他们看到在胎儿 4 个月大时，男性胎儿和女性胎儿嘴部运动的次数是一样多的，但到了 5 个月时，女性胎儿的嘴部运动要比男性胎儿的嘴部运动频繁。这一观察结果并不能说明以后女孩在口语会话能力上强于男孩,但是它却能够证明在那个时候,女性胎儿的大脑发育是超前于男性胎儿的。

大概在怀孕 5 个月左右,母亲才能感觉到体内胎儿的运动,从那以后,他的运动也会趋于频繁和协调。这是因为运动系统又有了新的结构组织,促使肌肉运动更有效地被控制起来。怀孕 4 个月左右,胎儿的大脑皮质刚刚开始受到影响,脑皮层的神经元,就是控制肌肉运动的那部分神经刚刚与脊柱神经有了连接。

感觉我的存在:触觉

当宝宝还在子宫里生长的时候,就已经开始频繁接受来自其身体内部或外部的信息了。来自子宫内部的刺激正是他发育所需要的。小宝宝的触觉很早就开始发育了,并且在出生之前就得到了很好的练习。当胎儿运动时,他不断地撞击子宫壁,有时他的小手会碰到脸上。在怀孕 2~5 个月的时候,宝宝的肌肤就有了触觉。最初是在嘴的周围,渐渐地扩大范围。这就是为什么宝宝们喜欢用嘴来试一试新东西。虽然触觉感受器会自动记录每一个感觉,但到目前为止,它还没有和更高一层的系统有什么连接。

在怀孕 5 个半月到 7 个月之间,触觉感受器和体觉神经之间才有了联系。"体觉"这个词源自于拉丁语的"身体"一词。在初级体觉神经区域有了一些最原始的反应之后,信息将从触觉感受器传到更高一级的神经区域并在那里汇集。那时宝宝就有记住触觉的能力了。

与大脑成熟化同步,胎儿的触觉感受并刺激体觉神经系统的特殊神经元,使触觉神经更敏感,大约也是在这段时间,胎儿似乎可以感觉到了疼痛。

你在那里能听到我的声音吗?

福音传教士、内科医生卢克,向我们展示了一个至关重要的行为知识,他写道:"当伊丽莎白听到来自于玛丽的祝福时,她在子宫里跳跃。"(《卢克福音》1:41)。这时候,胎儿伊丽莎白大概有 6 个月大。但与此相反,医学界直到 20 世纪初期还坚持认为没有出生的胎儿是没有听觉的。在 1925 年,柏林大学儿童医院的阿尔伯特·培泊博士做了一个非常有趣的试验。他在新生儿身边,最小的才刚出生 25 分钟,敲打玩具鼓,来观察他们的反应。

好奇心又驱使培泊博士决定测试胎儿在子宫里是否能够听见声音。一些怀孕晚期的妇女按照他的要求安静地躺下，以便随时能感觉到她们腹内胎儿的蠕动。为了不使这些妇女受到惊吓或因为突然改变呼吸方式而影响到胎儿，他在每次大声吹玩具喇叭之前都事先声明。有些胎儿对声音的反应是撞击子宫壁，有的则是不断地蠕动。如此这样试验几次之后，胎儿反应的幅度逐渐减弱。培泊记录了重复试验的结果，但他没有提到这样的动作是否与胎儿的个性有关。

超声波技术和心率测量器证实，胎儿在 5 个月时就会对一个突然的声音有反应，或撞击子宫壁，或眨眼，或停止运动且心跳减慢。也是大约在这个时期，胎儿的内耳开始工作。这段时间也正是宝宝的视神经床的神经纤维与听觉神经相连接的时候。

胎儿到底能听见多少？其实胎儿一直被他母亲大肠内的沙沙声所包围。医学上称为腹鸣。一般来说子宫内的声音可达到 70 分贝，大约与我们的吸尘器的声音差不多。母亲的心跳可以被感觉为一种震动。母亲的声音也比其他背景声音高大约 24 分贝，同样的这种声音对胎儿来说也是震动。所以在子宫内的最后一个月，毫无疑问胎儿是能够听到声音的。研究结果还表明，在怀孕的最后一个月，胎儿还具有能够分辨出音乐、心跳和说话声音的能力。

在我妻子怀孕 6 个月的时候，我们经常在旧金山散步，那时刚好是中国的新年，到处是烟花爆竹声。每次爆竹声响，埃莉诺就感觉到我们精力充沛的儿子撞击一下子宫，我们的儿子长大以后没有弹奏打击乐器，但我们总是拿爆竹声开他的玩笑。

从里面看

能看见的东西太有限了，也许在出生前的几个星期，胎儿能看见微弱的橙色的光。但即使是在黑暗中，胎儿的视觉系统也发育完好，为他出生后适应光线做好了准备。在怀孕一个月左右，大脑轮廓刚刚开始有所显现的时候，一个小小的"肿块"，凸起的部分就是他未来眼睛的地方。

卡拉·沙兹在哈佛医学院生物神经系工作。她通过动物试验结果表明，最基本的视觉神经系统远在胎儿眼部能够接受外界刺激之前就已经开始工作了。在缺少光线的情况下，视网膜内特殊的神经细胞叫做视神经节，受到基因的影响，迸发出类似电子脉冲般的神经冲动。这种冲动从视网膜沿视神经传递到大脑。这些无规律的脉冲是建立视觉神经系统的基本活动，没有它们，视觉不可能发育正常。

所有这些令人震撼的基础工作都是在没有任何外界刺激之下完成的。当然相反的环境条件会影响这种基础发育的正常进行。视觉系统的神经细胞是非常脆弱的，一些药品如尼古丁、苯甲二氮　　、麻醉剂都会影响神经突触，从而打乱它的发展模式甚至会导致以后的视觉缺陷。

当你的宝宝出生时，他的视觉系统应该基本上是完整成形的。但是它仍需要外部的刺激来做些补充工作，当然外部世界的这种刺激是无处不在的。

晚餐吃什么？

你大概听说过新生儿能辨认出母乳的味道，有时候如果母亲吃了含有特别味道的东西他们还会转过脑袋。这说明新生儿的嗅觉和味觉系统在出生时也已发育完毕。

味觉和嗅觉有共同点，就是它们同属"化学感觉"。也就是说，它们是由化学性的微小颗粒组成的物质，胎儿通过他的鼻子和嘴巴能够直接接触到的。特殊的细胞将这种化学性的物质转化成电信号，经过一系列的"中转站"传递，这些信号才进入胎儿的大脑皮质并且在那里被逐一记录。

有时在怀孕的 2~3 个月后，味蕾就出现在胚胎的舌头边缘，嘴根部和嗓子的上半部区域。有些味蕾和大脑之间的联系在怀孕的第三期就已经正常运作了。但它们在怀孕后期和婴儿刚出生的几个月内仍然会得到进一步的发育。有事实证明胎儿的味蕾发育得很早，比如一个 24 周出生的早产儿已经有了基本的味觉了。

怀孕的 4~6 个月期间，堵住胎儿鼻子的东西消失了，这就使羊水里的化学物质可以与胎儿鼻子内的受体细胞有直接的接触。在怀孕的第三期，尽管胎儿还不能和你分享晚餐，但是他的嗅觉系统发育良好，已经可以闻到一些强烈的气息了，比如大蒜的味道。

在子宫里学习？

我们都知道，胎儿在子宫里成长的过程当中身体也在不断地转动、踢伸，他们的感官也在费力地对涌进来的信息进行整理。但是他们有没有记忆呢？如果有，这些记忆会不会影响到他们的行为呢？或者说他们有没有早期的学习方式呢？做吹喇叭试验的培泊博士不同意与他同期的很多科学家的观点，他们曾认为胎儿是在出生以后才开始有记忆能力的。培泊观察到，胎儿对最初听到的喇叭声反应是最强烈的。但经过几次之后，他们的反应幅度逐渐减弱，直到后来不再做出任何反应。他认为声音留下的痕迹影响到胎儿对下一次听到同样声音时的反应,同时他也质疑,这种记住外界刺激的能力是不是一种初级的记忆形式呢?

后来的研究结果不仅证实并且延伸了他的观察结果。培泊博士所指的"记忆痕迹"现在称之为"适应性",其实它是最简单、最原始的学习过程。适应性贯穿一个人的一生,实际上也是一个人对重复刺激的反应越来越弱的一种表现。在最初的惊吓之后,胎儿对喇叭的声音渐渐习惯。超声波技术也证明了23周的胎儿已经有了适应性。这种适应性首先表现在女性胎儿身上,进一步的研究表明,女性胎儿的神经系统要比男性胎儿的神经系统发育得早一些。

胎儿在子宫里的发育时间表

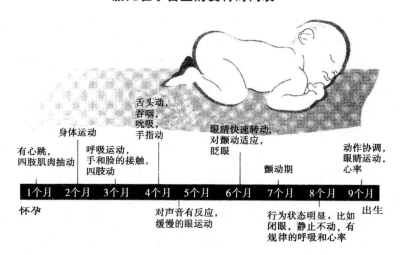

这张时间表告诉人们所有胎儿的功能性发育活动都大致相同,但是出生后的行为发展却呈现出极大的差异。

为了发现胎儿的记忆到底能够持续多长时间,彼得·赫伯给怀胎9个月的妈妈们听一首特别的曲调。他经常大声地重复地播放这个曲调以便胎儿能够有充分的时间去熟悉它。出生一周后,新生的宝宝们对这首曲调的反应和其他曲调的反应是不同的。可是两个星期之后,他们对熟悉曲调和新曲调的反应就没有什么差别了。这表明胎儿是有记忆的,只是这种记忆存在的时间相当的短暂。

我们知道在一个成熟的神经系统中有一组叫做"海马结构",它对记忆的形成至关重要。这种结构在怀孕的5~6个月时发展最快。尽管如此,要将记忆储存起来1个月、1年或更长的时间,大脑就必须将它转移到大脑皮质,但这样的转移在出生后两个星期才有可能出现。

　　所有目前掌握的相关知识都显示，在子宫里的胎儿是没有长时间记忆能力的。无论如何，关于记忆以及学习的基本能力在胎儿存在于子宫期间就已经具备了，而这一切也为日后其成长过程中的学习能力奠定了坚实的基础。

出生前的刺激？

　　即使人们在对胎儿在子宫里的活动完全不了解的情况下，却已经试图影响胎儿的发育了。早在2~6世纪的犹太教法典中就有了关于未出生胎儿的记录。让我们来看一下。

　　当弗兰克·劳埃德·赖特的妈妈怀孕的时候，她将英式教堂的画片挂了起来并且长时间地盯着它看，目的就是希望能够以此对她体内的胎儿产生些影响。我们知道，弗兰克后来确实成为建筑设计师，事实上他在其事业的初期就宣称了他将成为历史上最伟大的建筑设计师。尽管如此，我们仍将他的成功归功于他的天赋、个性以及他出生后他母亲对他的鼓励。如果只是母亲单方面的美好愿望就足够了的话，那么当父母就是完全另外一回事了！

　　最近几年，有科学研究指出，胎儿已具备的学习能力有时可能引发另外一种假想。那就是早期的刺激可能会加速大脑的成熟从而导致出生后一生的更大进步。在1992年关于胎教对人一生的影响回顾中，彼得·赫伯指出有些奇闻逸事记录了出生前的刺激对人是有影响的，但这一切还缺少科学依据。由于对怀孕母亲及她的胎儿在出生前后所能受到的积极影响的兴趣日渐浓厚，任何结论都有可能出现。其实一个子宫内自然的生长环境已经给胎儿的大脑发育提供了他所需要的任何刺激。

　　如果附加的刺激能够加速发育的话，那么早产儿由于过早地来到这个世界上，他们应该比正常在子宫里成长的胎儿发育得更好。可惜我们所有的研究都表明，尽管他们过早地接触了外界的刺激，怀孕32周后出生的婴儿并没有比足月出生的婴儿在发育上有任何优势。在美国波士顿和瑞士日内瓦工作的帕德拉·胡皮博士运用了磁共振成像(MRI)技术来比较了早产儿和正常出生婴儿的发育状况。早产儿与怀孕40周后正常出生的婴儿相比，尽管他们提前8周出生，但是他们的发育却是迟缓的，那些正常出生的婴儿在母体的最后8周中从发育角度来看有明显的优势。

　　尽管在出生前额外的刺激并不能对胎儿大脑结构的发育有什么积极的影响，

但有些因素却会对他们大脑的发育产生负面影响,比如酒精、尼古丁、毒品、营养失调、X线以及某种感染都是我们已知的因素。

妈妈的紧张情绪会不会影响到胎儿?

如果一个孕妇每天从一个地方忙忙碌碌地跑到另外一个地方,一天的日程总是安排得满满当当,等她有几分钟的时间静下心来时,她一定会担心如此紧张的生活对她肚子里宝宝的大脑发育会不会有什么影响?早在公元前480年,古希腊哲学家恩培多克勒就提出母亲的情绪可以干预胚胎的发育。在1000年以前的中国就已经有了"孕期诊所",主要是帮助孕期中的妇女保持情绪稳定,一个良好的心理状态对胎儿的发育是很有好处的。

在20世纪70年代,科学家们对此进行了进一步的研究。加拿大的学者着重于研究一个情绪不稳定、生活节奏紧张的孕妇和她的宝宝出生后发育状况之间的关系。他们发现一个孕妇如果由于婚姻不和谐等原因,在孕期经常处于紧张的生活状态,那么她的新生儿得湿疹的比例要相对较高。与其他精神放松的孕妇们生下的婴儿相比,她们的孩子发育状况也相对迟缓一些。同时这些新生儿也表现出了情绪烦躁、不易平静等特点。研究人员指出母亲由于受到紧张情绪的压迫,从而使内分泌系统有所变化,这些都可以影响到未出生的胎儿。

日常生活中充满了烦恼,但是否会造成紧张情绪还是要看你的个性。你可能是害怕声音的人,也可能你两岁的孩子独自跑到街上去了让你担忧,或者是你的老板对你花了一个周末时间写出的报告一点也不满意。这一切突发的事情都有可能导致你情绪不稳定,血液里的肾上腺素分泌骤然增加,因此流入子宫的血液减少,这和吸烟的效果是相同的。胎儿发现了你这一次情绪上的变化,对你的不安充满了"同情"。他的神经系统也分泌出更多的肾上腺素,引起心率变化和身体的运动。另外一项可以影响胎儿的是激素皮质醇,它随着紧张情绪在身体里游动。如果一个孕妇焦虑至极,她的身体也会产生出更多的皮质醇,其中的一部分会直接传给胎儿,而另外的一些会通过胎盘刺激胎儿的内分泌系统。不过,偶尔的紧张情绪和一般性的焦虑对胎儿的长期发展没有什么影响。

孕期持续不断的紧张情绪无论如何都会导致一些消极的后果。通过胎盘的血液流量减少会限制胎儿的发育从而导致人们常说的"个头儿小"。近期的研究还涉及母亲在孕期尤其是孕后期处于焦虑紧张状态,她们的孩子在童年时期会遇到的行为上的问题。这些问题包括了男孩子的多动症,精力不集中等,还有一些情绪上的干扰问题,男孩和女孩同样会遇到。

　　尽管如此,我们同时还要强调,婴儿的大脑发育还是会根据出生后的经历来进一步调整完善的。这就给了孕期处于焦虑紧张情绪中的父母一次补救的机会。他们可以按照婴儿的需要来选择照顾孩子的方式,比如说给孩子提供一个安稳、适宜、没有任何附加刺激的环境。

个性特征

　　我的一个新生儿专家朋友经常告诉我说,胎儿对常规的超声波检查的反应是非常不一样的,完全是因人而异。有些表现得异常兴奋,有些却相当安静。这些不同之处也许与他们的脾气有关吧。了解了这些,我们就可以知道一个小孩在孩童时期所表现出的个性实际上是不受他出生后的经历影响的。

　　1999 年的一项研究结果证实了一些母亲的说法:胎儿在子宫里的时候就已经有了个性化的活动。他们对怀孕 8 个半月的孕妇选择了三次不同的机会来做超声波检查,用以观察胎儿的随意性运动。研究人员随后比较了这组数据和他们出生后 2~4 周提取的数据,这时发现那些精力充沛的、在母体中就运动较多的胎儿出生后的一个月里也仍然比其他婴儿活跃。

做好准备

　　十月怀胎好像是太长了,但对于你的宝宝要建立好他的神经系统来说,这个时间实在是奇迹般的短暂。到出生的时候,所有神经细胞的制造和转移工作都已完成。大脑也已构造完毕,并且主要的连接也已经开始正常运作。负责主要功能的脑干部分已经发育完整,其他一些枝干还有待于在胎儿出生后进一步地完善。最主要的桥梁(胼胝体)已经把两个脑半球连接起来。神经递质已被合成,脑电波活动也已经开始。

　　胎儿的大脑最令人骄傲的地方是,在早期,婴儿出生时的体重只是以后成人的 5%,而大脑的重量就已经达到成人期的 30%。另外,大脑在初生时期的重要性表现在能量供给上。成人的大脑只消耗整个身体能量的 20%,而新生儿的大脑几乎消耗掉他全身所有的能量。

　　身体的重要功能环节都是靠网络连接的,比如呼吸和循环系统在婴儿一出生就要马上开始工作。你的宝宝的感觉中枢也已经待命接受外部世界对它的刺激。

美好生活的开始

小宝宝在子宫里伸胳膊踢腿，做着各种肌肉练习为的就是适应子宫外的新生活。他的触觉神经发育完好正在等待着你的爱抚。

在子宫里形成的片刻记忆能力可以帮助你的小宝宝在短时间内迅速适应新的环境。你的体味和声音都将成为小宝宝感觉舒适安全的重要因素。

思 考 题

额外的刺激是否有助于宝宝大脑的发育？

我们都知道子宫里所提供的刺激实际上要比我们一开始想象的要多。这些刺激对于胚胎和胎儿的发育来说都是至关重要的。但是并没有科学依据说明刺激越多越好。如果你觉得听莫扎特的音乐是一件很享受的事情，或是为了将来给你的孩子读书，你现在就开始做朗读练习，或者你喜欢参加孕期活动为了更加了解你小宝宝在子宫里发育状况的话，所有这些间接的刺激或多或少的都有益于身心。

孕妇是不是该吃双份？

即使你并不需要为了你和腹中的胎儿吃两份的饭食，但你确实要考虑到你们两个人的生长需要。咨询一下你的医生看你是否需要额外的叶酸。注意吃一些营养均衡的对你身体有好处的食品，比如新鲜蔬菜、牛奶和大豆制品，营养丰富的全麦和新鲜的水果。

哪些物质被证实影响胎儿的大脑发育？

有些物质被证实对胎儿的大脑发育是有负面影响的。应该完全远离酒精、尼古丁及违禁药品。滥用 X 光和辐射能够导致大脑发育不良。孕早期要避免发热。如果有这种情况发生，要在医生的指导下用药，避免用木桶洗热水浴和桑拿。在怀孕前应注射预防风疹和鸡瘟的预防针。避免使用含苯及甲苯的溶液，如果不能避免使用的话，请在通风的地方使用。

现代的电子设备是否对胎儿有危害？

到目前为止，一些家用电子设备如录像机、微波炉等并未发现它们对胎儿有什么不良影响。超声波技术和磁共振检查也对胎儿没有影响。但是在怀孕的初期

美好生活的开始

应尽量避免进行磁共振检查,因为有待进一步的研究来证明它的安全性。

什么情况下有必要特别小心?

孕妇一定要在医生和其他医务工作者的指导下服用药品,即使是草药。有些看起来纯"天然"的东西,其中却蕴含着有害物质。如果你早上必须要喝咖啡的话,那么你一天的饮用量不要超过两杯。在流感的季节要特别小心,因为感冒也会影响你胎儿的发育。一个非常简单易行的办法就是在流感季节要常洗手,并且尽量不用手触摸你的鼻子和嘴巴。

1997年美国儿科学会警告说,过量的噪声会对胎儿产生不良影响。研究结果表明超级噪声与高频率对新生儿听力的丧失、早产及新生儿体重减轻有关系。不过我们还需要等待更多的研究结果来证明到底是噪声本身还是其他一些社会经济的因素导致了这一结果。那么到底什么是"超级噪声"呢?一般来说,我们建议不要在任何情况下长时间处于高于80分贝音量的环境。说得更明白一点,这个水平相当于交通高峰时间的噪声。一个电动割草机的噪声大概是100分贝。头顶上的飞机的噪声量是140分贝。除了这些对胎儿的听力系统来说是高分贝噪声外,一些其他声音如飞机的起飞和降落的声音都有可能使孕妇感到紧张。

2

出 生

在小宝宝出生的过程中，脐带会扭曲从而减少母亲提供的血量。小宝宝血液中的含氧量也随之减少，二氧化碳的含量增高。小宝宝出生的那一刻，新鲜空气中的氧分促使他立刻做深呼吸，这一动作使他的肺得到了完全的舒展。当这个新鲜的肺刚一张开，空气便通过细小的喉头涌进，于是小宝宝会戏剧性地宣布他的出世，大哭一声："我来了!"

脑干的重要作用

小宝宝带着他亮亮的眼睛和一副警惕的神情来到这个世界上，好像他很急切地要了解他周边新世界中的一切。这也是脑干的任务。脑干中的神经元由于受到了如灯光和外界声音的刺激而变得兴奋，于是它开始分泌正肾上腺素，也正是这种神经递质使得小宝宝更加警惕的同时也准备好了应付外界。我们得感谢小宝宝的呼吸，这一动作带给他五倍于在子宫里的氧分。

今天的一个流行语叫做多媒体，但实际上脑干早就承担着多媒体般的工作了。脑干通过不同的渠道接受了涌进来的各种感觉，或者称为 "模式"。从眼睛进来的是 "视觉模式"，小宝宝听到的是 "听觉模式"，通过触摸他的皮肤而得到的是 "触觉模式"，他的脑干把这些不同渠道涌进来的东西融合在一起，完成一个复合模式的过程。

脑干同时还具有 "内部活跃"性。当小宝宝听到噪声时，他会感到惊奇并且全身的肌肉会和谐地收缩。当他看到有一张脸在他眼前晃动时，他会转动他的头和眼睛跟随。脑干在接受了信号之后会调动相应的肌肉做出反应。

从孕期到出生的这段时间，脑干神经元的轴索周围会自然形成一个隔热的保护膜，称作髓磷脂，它的主要功能就是使脑干更快更有效地接收信号。髓鞘在脑干附近形成的时间之早就足以说明它的重要性。在小宝宝出生的时刻，脑干异常活跃，这就意味着它需要更多的能量。当脑细胞如此活跃时，它就消耗掉更多的养分——葡萄糖。

这是脑干的重要作用，从小宝宝出生到他3~4个月大期间，脑干在大脑皮层不介入的情况下充当着中央调度员的角色。同时，脑干还和其他结构有着联系。比如同海马区域以及脑皮层。这两个部分发育得很快而且相互之间的联系也逐步增强。随后的几个月，大脑皮层便承担起分解脑干活动的重任。

头等大事

伴随我们欢呼新生命的喜悦心情而来的还有我们的关切。新生命是否能够顺利地到来？他是否准备好了面对脱离子宫后的新生活?尽管生产的过程一般来说不是什么复杂的事情，但是有些新生儿对适应外界还是有一定的困难。非常感谢助产士和产科医生们，是他们在胎儿出生前后检查是否一切正常，新生儿的重要器官是否运作，比如说心跳；也是他们帮助了新生儿尽快地适应周边的环境。

早在1952年，哥伦比亚大学的一位麻醉师弗吉尼亚·阿普加就为检测新生儿适应子宫外新生活的程度提供了一份评估。根据她多年在急救室的工作经验，新生儿刚出生的几分钟之内检查出问题可以有利于防止以后对大脑的严重伤害。新生儿的心率、呼吸、肌肉的状态，条件反射的程度和皮肤的颜色被分别在出生后的1、5、10分钟的时候记录下来并将这组数据转换成数字的形式。7分以下意味着新生儿需要辅助治疗，4分以下就表明新生儿需要急救了。但最重要的一点是，这个对新生儿的评估并不预测孩子未来的发展趋势。它的目的只在于决定新生儿是否有危险，是否需要立即抢救。阿普加的这个评分准则现在已经在全世界范围内的产房应用，并且最近的研究证实，这个半个世纪以前提出的方法到目前为止对新生儿仍然意义重大。

当新生儿还在产房的时候，接生的医护人员就开始测量他的身高、体重和头围。这些测量数据可以告诉我们新生儿的大概发育状况。这个胎儿在他的母体里是否长到了他应有的身高和体重?如果他的体重比预期的要轻很多的话，那么就说明他在子宫里的发育缓慢。导致这一结果的原因很多，比如母亲的营养不良、胎盘中的养分不足、母亲经历过感染或使用了不适当的药物等。如果新生儿出生后比预期的要小要轻，但头围正常的话，那么我们就知道虽然其他因素影响了他在子宫内的发育，但大脑的发育还是基本正常的；如果头围也偏小的话，那就说明他的发育迟缓已经有可能影响到了大脑。

我第一次当上父亲的时候，正在医学院给学生们上如何检测新生儿的课。我们的儿子一出生，我立即把他抱到了离产房最近的一张检查台上开始按照一份清单来检测他的神经系统，清单上一共有42项。然后我自豪地把他抱到我妻子的房间（那时候，新生儿和母亲的房间是分开的，不像现在婴儿从一出生就和母亲呆在一起了），兴奋地告诉她我已经给我们的儿子做过检查了，他一切正常，发育得非常好。我妻子看了看我问道："他的眼睛是什么颜色的？"我不得不返回婴儿室去看。

新生儿的感官

新生儿伸开他的手臂，睁开他的眼睛，竖起他的耳朵来感觉这个世界。还在子宫里的时候，他的耳、眼和其他感觉器官就已经为迎接这个时刻做好了准备。现在所有这些感官时刻准备着接受、吸收和消化由出生这一刻外部带来的一切信息。所有的感觉器官都在这一刻开始工作。

新生儿降生的这个世界对他来说是全新的，但只要他能将看到的东西分类归纳，大概给出一个轮廓而且能区分出噪声和说话的声音的话，他就不会感到恐慌。这个世界对于他也就是充满了光线和声波。不过他的大脑现在倒是在高度集中地储存信息。日趋先进的科学技术加上对新生儿大脑发育的不断观察和研究使我们更多地了解到了一个新生儿是如何来回应这个迎接他的世界的。

四 处 环 顾

只要小宝宝开始呼吸了，他的眼睛也随之眨了起来。他会像是受了惊吓般凝视产房中不熟悉的景象。眼睛突然间成了帮助他了解外界的最重要的器官。他在子宫里已经听到过了各种各样的声音，他的触觉器官也帮助他的小身体和子宫壁有过接触，但唯独直到出生前他一直处于黑暗当中。

新生儿似乎急切地想要知道到底周围的人在干什么？马歇尔·海兹和他的同事们观察了躺在黑暗房间中的新生儿们。即使是在漆黑一片的情况下，新生儿们仍然睁着眼睛找寻吸引他们眼球的东西。由于房间内没有一丝一毫的光线，研究人员认为，新生儿睁开的眼睛并非是受到了来自于外界的刺激而是大脑内部控制的结果。

一个新生儿和一个6个月大的婴儿所能看到的人脸的区别

新生儿看到的是被光线罩住的模糊不清的面孔，而且他们只能聚光于那些距离他们只有8~30英寸（约20~80厘米）的东西。这个间距大致相当于母亲把他抱在怀里喂奶时的距离。

新生儿会集中精力看一些线条浓重的轮廓。有研究表明他们能够区分三角形、四边形、圆形和十字架。在人的面相中，眼睛和发际是明显的标志。因此，新生儿的父母在改变发型之前要三思啊！

陌 生 的 声 音

突然之间，新生儿被一些完全陌生的声音包围了，但他还是可以通过辨认出熟悉的声音来帮他进入到这个新世界的。最新的研究向我们展示了新生儿的心率和呼吸会发生变化，这要看她听到的是谁的声音了，是自己妈妈的声音还是另外一名妇女的。新生儿在听到自己妈妈的声音时，心率减缓。这说明小宝宝在子宫里对声音的记忆是可以一直延续到出生以后的。

尽管新生儿的听力在出生前比他的视力发育得要早，而且在子宫里也得到了更多的练习，但是她的视力对新环境更敏感，调节能力也更强。初生的几个星期里，无论爸爸妈妈在房间里走来走去还是交谈都不会影响他安静地入睡。新生儿的听力不如我们成年人敏锐，这也许并不是一件坏事，毕竟他要熟悉的新的声音实在是太多了。那些隐隐约约的声音就如同他出生时面前闪现的那些模糊不清的面孔。新生儿听到的声音比我们听到的要低15~20分贝，就像是我们带了一副好耳机之后听到的外界的声音。

丹尼斯和维多利亚·摩尔法斯在南伊利诺伊大学工作，他们发现新生儿已经可以区别出说话和非交谈的声音并且将它们记录在不同的脑半球中。做这项研究的时候，他们在新生儿的头皮上戴了一顶装有电极的小小软软的帽子。当然这顶帽子对婴儿是没有任何伤害的。在房间完全安静的情况下，他们测量了新生儿大脑的脑电波活动作为基础数据，当新生儿听到一种声音的时候，一种特殊的电波被称作"事件相关电势"就会在脑皮层负责听力的部分有所显现。研究人员把这组数据与新生儿的基础数据比较后发现，人的交谈声在左半脑反应强烈，而非交谈声在右半脑反应强烈。

舌头和鼻子的应用

与听觉和视觉相同，嗅觉和味觉也是他们进入新世界的向导。这些不仅可以帮助他找到可口的乳汁，同时还能够帮助他在自己和母亲之间找到一个舒适的姿势。新生儿对母亲乳头周围的味道尤为敏感，所以从出生后的几分钟开始他就积极努力地开始找寻母亲的乳头了。

1998年的一项有趣的观察表明，新生儿对在子宫里已经熟悉的味道是有记忆的。贝努瓦斯特·沙尔，法国诺兹里市国家科学研究中心的研究员和他的同事们发现，给新生儿两个小垫子，一个是在自己的羊水里浸泡过的，另外一个是在一个陌生新生儿的羊水里浸泡的，新生儿更喜欢闻他自己的羊水味道!

新生儿还是一个小小的复杂味道品尝家。他们能够区分并表现出他们的喜好，而这个喜好碰巧是甜味。与生俱来对甜味的喜好大概也是一个革命性的优势吧，它激励了我们的祖先不断地寻找更可口、能量更高的果实。

当新生儿对某种味道感到满意时，他们的面部表情放松，有时他们还会撅起小嘴或是伸出小舌头尖。但当他们不喜欢某种味道的时候，他们就会在厌恶地皱起脸的同时还会把头扭向一边。这就是新生儿晚餐时间与我们的交流。有趣的是，新生儿表示厌恶或喜欢的表情是和我们大人完全一样的。做这些复杂表情所需要的肌肉动作主要是由大脑中一个叫基底神经节的构造来完成的，是它把信号输送给了脑干。

一个新生儿面部表情的喜悦和憎恶也可以在脑电图中有所显示。在一项研究中，内森·福克斯与理查德·戴维森在观察新生儿面部表情的同时运用了脑电图技术 (EEG) 来测量给新生儿喝甜水和酸水时他们的脑电波活动。当新生儿喝甜水的时候，他们左前半脑显现出积极的反应，当他们喝柠檬汁的时候，他们的右半脑反应强烈。

尽管新生儿有能力区分味道并且还有短时间的记忆，但这并不能决定他们今后对某些特殊味道食物的偏好。在孕期及哺乳期进行节食对母亲和新生儿都有一定程度的影响，但是对小宝宝以后是喜欢吃大蒜还是西兰花不起任何作用。

触摸的感觉

对人类的重要性来说，触觉仅次于人类对空气、水和食物的需要。正是通过触觉，新生儿在出生时被那些医务人员的手捧着来到这个世界上，开始了他对外界最初的认识。也正是通过触觉，新生儿来决定他在感情上与周围人的亲近程度。新生儿的父母自然而然地会去伸手抚摸他们小宝宝的手脚，兴奋地爱抚小宝宝的柔嫩肌肤。你通常会把你的宝宝抱在胸前贴近胸口的地方。他对你温热的肌肤还有热情拥抱的回应就是更加贴近你，同时放松他的整个身体。

有了发育良好的神经系统，小宝宝的触觉在子宫里就形成了并且还尝试过了接触你的子宫壁。不过子宫里的一切都是平滑温暖的。对小宝宝来说外面暴露的一切都是崭新的。去体验它，一个新生儿不仅用他的手，而且还要用他的嘴。嘴巴的周边在子宫里很早就开始发育了，是触觉异常敏感的地方。对新生儿来说现在它尤为重要，因为他要借此来找到母亲的乳头和可口的乳汁。

触觉还是帮助新生儿辨别潜在危险的重要工具。皮肤的表层记录了温度和压力的变化。一旦这些变化超出了一定的范围，他们就会有如同疼痛般的感觉。不幸的是，直到20世纪中期，人们还普遍认为新生儿是没有疼痛感的。所以当需要对新生儿实施手术时，为了不减缓他的呼吸，通常是不使用任何麻醉剂的。不过今天我们知道了，在怀孕26周的时候，胎儿的神经系统已经可以把触觉中的疼痛信号传递给大脑皮层了。正因如此，减轻疼痛的药剂在任何时候都应该适量应用。

一项研究显示了，在做包皮环切术的两天后，接受了麻醉措施的宝宝比没有接受麻醉措施的宝宝更容易平静，情绪也更平稳一些。

肌肉活动

当你把你的手指轻轻地放进那只形状完好的微型小手里时，你首先注意到的就是他会紧紧地抓住不放。他是那样有力地攥住你的手指，你甚至轻而易举地把他整个人拉起来坐着。新生儿的这种反应叫做抓握反射，是婴儿出生后所表现出来的一系列条件反射之一。有些条件反射一辈子都会持续不断地用到，但有一些只是新生儿独具的反射能力。这些反射在婴儿一岁之内随着脑皮层对脑干控制的增加，新生儿的运动逐步自主化之后会自动消失。

条件反射是一个非常自然且行之有效的自我保护行为。当光线过强时，眼皮会不由自主地闭上以保护我们的眼睛。这个信号只传递到脑干而没有到达更高一级的考虑和处理问题的脑皮层。如果要传到那里的话，我们就来不及闭眼了。有些条件反射，例如碰到热的炉台我们迅速地把手抽回，这一动作只是通过脊柱神经就能完成的。

抓握反射倒是要归功于脑干。新生儿手掌心的触觉感应器会由脊柱神经发出一个电子信号到脑干。脑干则立即给手指肌肉的脊柱神经发回一个信号告诉它攥住那个触摸他的手指。新生儿的这种条件反射别无二致。触觉感应让他们自动地握紧拳头。如果这种条件反射的能力不自动消失的话，那么新生儿将无法用手来认识周边的环境。

有些条件反射是帮助新生儿找寻食物的本能。当小宝宝的嘴接触到母亲温热的皮肤时，他会想当然地急切地开始寻找母亲的乳头。伴随这个觅食反射而来的就是吮吸和吞咽的反射了。所有这些听上去都很简单，但事实上这里面包含了一些极其复杂的过程，尤其是嘬奶头的反射还加进了呼吸。如何控制好这一系列的动作就是脑干的职责。但是即使是健康的新生儿也需要几天的时间来适应和练习。

无论怎么说，新生儿的这些动作不仅仅是简单的条件反射或是脑干偶然发出的不自主的信号所为。小宝宝转动脑袋或伸胳膊踢腿，这些动作其实并不是我们以为的那样带有偶然性。有研究结果表明在出生后不久，新生儿就可以用眼睛来做他们行动的向导了。如果你让他平躺且头歪向一边的话，他们会将胳膊也挪到他们能看到的那边。当他们看见自己的胳膊了，他们会继续往那一边挪动。

乔治·巴特沃斯和布莱恩·霍普金斯在观察胎儿未出生前的一个典型动作时有一个惊人的发现。胎儿会将手拿到嘴边。一开始他们认为这只是胎儿的一个偶然性的动作，但通过继续观察之后他们俩发现新生儿会把手拿到嘴边，引人注目的是当手还没有到嘴边的时候，他们的嘴就已经张开了！小宝宝嘴边的肌肉一定是事先得到了一个让他们做好准备的信号。嘴巴等待手指的这一动作预示了新生儿具有将来能够完成带有目的性动作的能力。

研究人员在观察的过程中还惊异地发现，当新生儿把自己的手指送向嘴边时，他们通常没有觅食反射，但如果其他人试图触摸他的脸颊，就会有觅食反射发生。菲利普·罗沙特在1998年的观察中证实了这点的同时又指出，新生儿的这种条件反射应该算是最早的区分自己和他人身体的能力，也是区分自己与非自己的一个初级阶段。

个性化的神经系统

在小宝宝出生后不久通过他对常规事物的反应就可以看出他的神经系统是趋于个性化的。从新生儿的脚后跟抽取一滴血样，这是一个检测他新陈代谢功能的常规检查，主要目的也是要了解新生儿如果不加以治疗的话，他的大脑有没有受损的危险。婴儿们会因脚跟的刺痛而受到惊吓甚至哭起来。

对疼痛做出反应是神经系统最基本的一项功能，它让新生儿对接近于身体的危险提高警惕。在某种危急情况下或是当新生儿感到极度疼痛时，神经递质和激素就会被释放到血管中，神经递质——肾上腺素使身体随时做出应激的准备。此时紧张性激素皮质醇对身体所持有的忍耐力程度至关重要。所有构成这个神经系统的"元件"早在怀孕的18周时就形成完毕了。

米歇尔·刘易斯在新泽西州牙科医学大学下属的罗伯特伍德和约翰逊医学院工作，他比较了新生儿对刺脚后跟这一常规行为的个性化反应之后，得出新生儿的两种差别非常大的结论：一组婴儿是"过度反应"，他们的哭声尖利高昂，哭的时间长且不易平静下来。而另外一组婴儿是"低调反应"，也就是说他们哭得并不是很厉害也相对比较容易结束。他们由此发现，过度反应的婴儿，他们的皮质醇紧张程度比低调反应婴儿的更高一级。这个结论与另一项观察结果是如出一辙的，就是皮质醇紧张程度更高的婴儿在做包皮环切术时对疼痛的反应也更加强烈。

由于这些婴儿只是刚刚出生了几天，我们可以说他们表现出的不同的反应是神经系统天生带来的。不过，尽管人们都这么认为，路维斯和他的同事仍然考虑到了这个结论有可能是建立在婴儿做这项试验时的身体状况不稳定的基础之上的。那些反应强烈的婴儿当时也许正好是饿了或是正处于不安的情绪中，那些没有什么反应的婴儿只不过是当时正在昏昏欲睡的表现，因此，研究人员决定把上一项观察的结果和两个月后婴儿接受预防接种时的反应再做比较。结果大同小异，对跟刺反应强烈的婴儿这次也同样，对跟刺没有做出太大反应的婴儿在接受接种时也显得很平静。那么婴儿的神经反应是个性化的了，与当时他们的身体状况无关。以后我们还会看到，这个特征将伴随孩子的成长。

做好学习的准备

小宝宝一出生就开始寻找生存的办法了。对他来说第一步就是怎么才能找到吃的东西。一开始他会借助于母亲找到乳头，这一过程重复几次之后他就基本可以应付自如了。有些宝宝也可能需要多练习几次。

小宝宝们很快就知道了他们的行为对外界也是可以起作用的。一项观察表明，出生不满三天的小宝宝们不仅可以识别母亲的声音，同时他们还懂得通过改变自己嘬奶头的频率来吸引母亲开口说话。为了证实这一点，研究人员让小宝宝们的母亲朗读几页苏丝博士的书然后录制下来。在试验开始之前，他们给小宝宝们嘬橡皮奶头并且把嘬的频率记录下来，这之后，他们给小宝宝们带上一副耳机，当他们嘬得比原来快，他们就可以听到了母亲的声音。如果他们嘬得比原先慢，他们就将听到另外一个女人的声音。小宝宝们很快就明白为了能听到母亲的声音他们就必须要快快地嘬奶头。

把一件事同另外一件事联系起来也许是最初级的一种基本学习模式。为了了解新生小宝宝们是否具有这个能力，研究人员利用了他们的一个最自然的反应，就是碰到甜东西时他们会不由自主地做吮吸的动作。但当你轻拍他们的前额时，他们是不会下意识地做出这个动作的。因此研究人员们决定在轻拍他们前额之后给他们喂一点甜水。如此反复了几次，直到小宝宝们学会了只要轻拍前额就做吮吸的动作。这说明了小宝宝们是可以把轻拍前额和喝甜水这两件不相关的事情联系起来的。

小宝宝们当然还有更进一步的要求就是轻拍完前额之后等待着喂甜水。如果不给他们的话，他们就会轻则皱眉，重则哭泣。很显然他们的期待没有得到满足。这种把两件事情联系在一起并且预期下一步骤的能力是存在于宝宝的神经系统里的，所以说学习本身是一件自然而然的事情。

对周围人的兴趣

度过了在子宫里受拘束的日子，你的小宝宝一出生就有着和莎士比亚名剧《暴风雨》中米兰达同样的感受："噢，勇敢的新世界，原来你拥有这样的人。"

他也许还没有真正地融入生活，但是他已经准备好了和他身边的人交流。他对父亲的爱抚做出回应，依偎在母亲的怀里，父母亲对他说话的时候他也会盯着他们的脸凝视。

小宝宝们尤其偏好人发出的声音。当一个小宝宝在育婴室开始哭泣的时候，另外几个也会赶紧加入进来。他们甚至能区分出真正的哭声和一个模仿出来的同情的哭声。有一项研究证实，当小宝宝听到另外一个婴儿哭声的录音和听到电脑模仿出来的婴儿哭声时，跟随录音哭起来的次数要多于跟随电脑模仿声的。

小宝宝们还可以分辨出自己的声音。1999年在意大利帕度斯大学工作的马可·多迪，弗朗西丝卡·西米恩和格旺娜·卡特兰发现新生儿能区分出自己哭声的录音和另外一个新生儿哭声的录音。当他们听到别人的哭声录音时，他们会暂时停止吮吸橡皮奶头以表示出他们更加集中精力于这个声音。他们甚至会紧紧地闭上眼睛或皱起眉头扮鬼脸。不过他们自己的哭声似乎听上去就比较让他们感觉到踏实，听到自己哭声的录音时他们一般是不会停止吮吸橡皮奶头的。

除了人的声音外，人的面孔也是很吸引新生儿注意力的。小宝宝们对人脸的反应不同于看到别的东西。为了证实这一说法，英国伦敦马克·约翰逊和他在认同发育系的同事们通过观察发现，新生儿看到一张正常的面孔图形时，会频繁转动他们的脑袋和眼睛 (图A)，看到变形面孔的图形时 (图B)，他们转动的次数明显减少，当看到的只是一个无内容的头部轮廓图形时 (图C)，他们转动的次数就更少了。小宝宝们不仅仅能够识别出线条和形状，而且还可以理解它们的内容。他们不是简单的接受一些特征的集合体而是把它们看成一个整体，并且他们对人的面孔有着特殊的偏好。

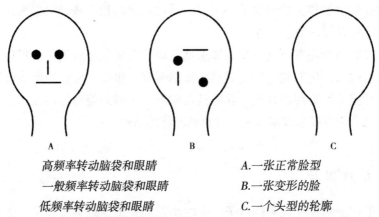

A	B	C
高频率转动脑袋和眼睛		A.一张正常脸型
一般频率转动脑袋和眼睛		B.一张变形的脸
低频率转动脑袋和眼睛		C.一个头型的轮廓

与一个没有五官或五官变形的脸相比较，新生儿更喜欢一张带有五官的脸型。他们会更经常地盯着图A看。(摘录马克·约翰逊等人，1991)

对于新生儿的父母来说，没有什么比他们努努嘴或是伸伸舌头时小宝宝盯着看更令人激动人心了。华盛顿大学的一位心理学家安德鲁·梅佐夫观察到，新生儿对这些表情是有所回应的。在一次试验中，研究人员们或是向新生儿伸出自己的舌头，或是把嘴张开20秒，在做这两个表情的中间还加进了一个相对被动的表情。这个实验被录制了下来，研究人员对此进行了研究分析，结果发现新生儿们更愿意模仿成人的表情。

梅佐夫认为这是一种早期的模仿能力，是一种对未来社会性学习有促进作用的能力。不过其他的研究人员对此结论仍持怀疑态度。他们或者不能通过试验得出与之相同的结果，或者只是认为新生儿的反应是一种自然现象而并非模仿。这是个仍然有待于继续研究的课题。不管怎么说，经常给你的宝宝扮个鬼脸做个怪样，看看他如何反应，这一定是很有趣儿的。

思 考 题

生孩子会不会造成产伤？

由于出生的过程对胎儿来说是一个全身性的剧烈运动，需要新生儿具有对外界新环境的适应能力，有些人认为这个正常的生产过程对新生儿也是一个会造成产伤的过程，并且产伤还会对孩子未来的发展有影响。1929年，弗洛伊德的学生奥托·兰克认为（与弗洛伊德的理论相悖），新生儿在出生过程中所受到的伤害是导致成人后精神紧张的主要原因。出生对胎儿来说是具有绝对挑战性的，但是大自然赋予了胎儿的大脑与身体应对这种压力的能力。没有证据表明人对自己的出生过程有任何记忆，或者经历出生这一过程对未来的生活有什么直接的影响。

在医学上，产伤具有另外一层含义。它指的是由于出生过程中的缺氧造成新生儿在初生时期的一些并发症。多年以前这些并发症具有高发性。不过目前得益于产科医生和医护人员的技术水平的进步，因出生而造成伤害的可能性是极小的。产伤曾经一度被认为是引起脑瘫的主要原因。但是1995年的一项研究表明，只有14%的患者受到过产伤。大多数的大脑麻痹患者则是在出生前受到了子宫内感染等因素引起的。

由于对胎儿来说出生的确是一个完全的转变，那么能否让他们很轻松地慢慢地进入新的环境，让他们轻松落地，比如说在水中出生？这个想法是非常具有诱惑性的，尽管我们还不能把它称作真正意义上的"自然生产法"。从胎儿的角度来看，我们还没有任何证据证实这种生产方法对他们有什么正面或负面的影响，不过准妈妈们可能会在温水中感觉更放松，这一点也是很重要的。

"母婴同房"到底是什么意思？

现代先进的产妇病房给母婴同住一室提供了可能性。这让母亲也能够更早更快地熟悉自己小宝宝吃饭睡觉的生活规律。一些研究还证实，母婴同房有助于母亲和她的小宝宝尽快适应喂奶的步骤。但前提是母亲如果需要休息了，她随时有权利把小宝宝交给育婴室的护士。

身体接触有多重要？

关于母亲或父亲在新生儿出生后立即、或在这之后的几天时间里，是否应给予小宝宝及时的肌肤爱抚的问题时常会被研究人员提出。有些人害怕缺少身体的接触会给父母和孩子今后的关系造成消极影响。1992年针对这个问题的研究，黛安·艾尔提出这种理论并不适用于人类。一种紧密的相互关心爱护的关系并不建立在出生时刻或出生几周后是否在一起的基础之上。多年的大量的各种研究，还有无数的母亲父亲及收养关系的父母子女的案例也能证明，父母和子女亲近的关系与很多其他因素有着不可分割的联系。

对于早产儿，有一种被父母经常抱在怀中的叫做"袋鼠式看护"的最好的方式。这种自然的养育方式给早产儿提供了最温暖的保护，因为他们的神经系统还没有能力应付外界环境。

噪声？

新生儿的听力不如我们成年人，所以在他们睡觉的时候没有必要悄声说话或是放轻脚步。但是由于研究结果证明极强的噪声对未出生的胎儿会有伤害，所以还是要尽量避免摇滚乐及其他重量级音乐，当然还有飞机起飞和降落的声音。

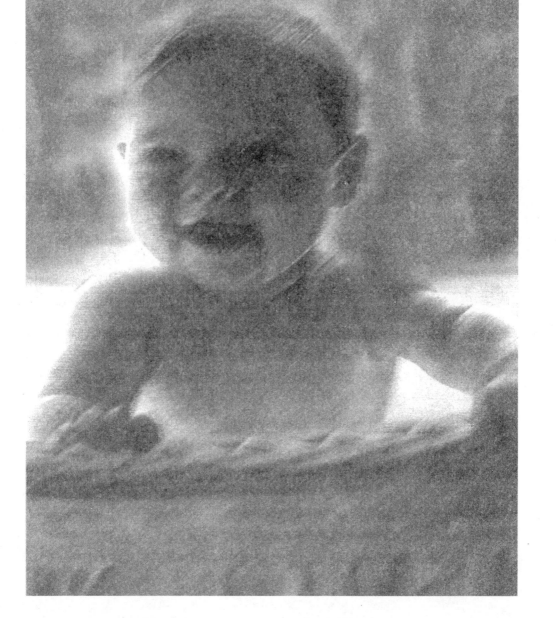

第二篇

第一年

因为小宝宝们就像原野上的小花似的各不相同，所以我们决定用几个想象中的人物来描述他们极大的性格反差。通过"艾米丽"和她的朋友们，我们对广泛意义上的性格反差进行归纳总结，描绘出一个大概的孩子性格发展趋势的轮廓。

从头说起吧，我们先来介绍一下艾米丽的父母亲，黛博拉和艾伦。他们是居住在一座小型大学城的双职工。艾米丽是他们的第一个孩子并且是一个非常"容易带"的孩子。艾米丽两岁的时候，她的弟弟安德鲁出生了。养育安德鲁却是对这对年轻夫妇的巨大挑战。

随后在这本书里还会出现艾米丽的朋友们：安娜、马修、索尼亚、斯蒂文和汤米。他们在艾米丽一岁生日时第一次聚会，我们可以跟随他们的成长来观察直到上小学以前他们在行为和个性上的发展趋势与变化。

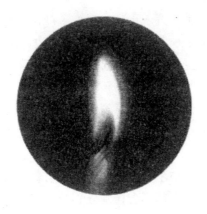

为艾米丽点燃的第一支蜡烛

当艾米丽的父母吸足一口气，要大口地吹熄她生日蛋糕上的那支小蜡烛时，艾米丽也同时在模仿他们的表情。之后她用双手拿起很大的一块蛋糕，兴奋地塞进嘴里。然后头发上粘着奶油，衣领上粘着蛋糕渣子，她扭动着小小的身体挣脱母亲的怀抱，慢慢地滑倒在地板上。

黛博拉和艾伦邀请了邻居家的几位父母朋友和他们的小宝贝们来共同度过这个愉快的下午。小宝宝们像五彩的七星瓢虫一样满地爬行，时不时地还互相瞥上一眼。尽管在这个年龄段，孩子的发育状况大致相同，但他们还是表现出了在不同方面上能力的不同以及性格上的差异。

安娜舒服地依偎在妈妈的怀里并且小心翼翼地看着面前每一张新的面孔。当黛博拉冲她微笑并且友善地和她说话的时候，安娜的呼吸变得急促，企图把脸藏在妈妈的衣服里，过了一会儿还哭了起来。

马修一步一步蹒跚地向他妈妈走过来，手里还拿着他在茶几下面捡到的娃娃。马修在整整一个月以前就会走路了。索尼亚则耐心地想要发现妈妈钱包里的全部秘密，她把里面的东西全都倒了出来。斯蒂文呢，平静地坐在一边喂他的大拇指，时不时地把带有音乐声的小球推来推去。毫无拘束感的汤米在地上迅速地爬着，拿起一个又一个的玩具只是扔在一边，并不真正的玩它们。

在所有这些一岁小宝宝们聚会上自己发明的探险活动中，有一项特别吸引我们的注意力。撇开这些满地乱爬的孩子们，那些五光十色的玩具和到处乱飞的花花绿绿的包装纸不说，我们注意到艾米丽是怎样看到她心爱的小熊娃娃被扔到了沙发上的。她的小脑袋瓜开始转了，很快就为重新拿回小熊作出了一个计划。

好像走路一样，她的小手和膝盖在不停地动着，可她的眼睛却一刻也没有离开过她心爱的朋友。什么都不会让她分心的。哎呀，真可惜她还是错误估计了沙发的高度，她的胳膊不够长，怎么也够不到小熊的爪子。"妈~妈"，她叫着，可这个时候，她的妈妈正在给安娜的爸爸加第二杯咖啡，听不到喊声。艾米丽没有放弃这个念头，她抓住沙发扶手，借这个力量爬到沙发上，伸长了胳膊够到了小熊。她把它抱进怀里时瞥了一眼她的妈妈，胜利般咧嘴笑了起来。她战胜了阻碍达到了目的，这让她对自己感到异常满意。

在这些满地乱爬或蹒跚行走的小宝宝们和他们兴高采烈交谈的父母中，艾米丽的妈妈一直忙个不停，她甚至没有时间坐下来聊一聊一年前从医院里带出来的那个惹人喜爱的小东西是怎么成长到一岁的。为了了解一下婴儿在这一年当中有着怎样的美好变化，我们现在就从他们几个月的日子开始说起看看他们是如何来用自己的眼睛发现这个世界的。

3

生活的开端

当我们的儿子在加利福尼亚州一个午夜时分降生后，我兴奋地给我远在马萨诸塞州居住的岳父打电话报告这一喜讯。他听了以后紧接着问我："你现在要去干什么，诺伯特?"我觉得这个问题问得好奇怪，嘟嘟囔囔地说："我准备和朋友们出去庆祝一下。"接下来我听到他近乎严肃地说："别去了，我建议你回家睡最后一个安稳觉。一开始呢，你的小宝贝会让你夜里睡不踏实，等他长大呢，你就会担心他开着车到底去哪儿了，再以后呢，你老了，得了风湿病就更睡不好了。"事情也许并不会像他说的那么糟糕，但是一开始的那几个星期无论是对新生儿还是对他们的父母来说都是一个适应的过程。

正当你忙完了照顾小宝宝的琐碎事，筋疲力尽地准备给自己补上一觉时，小宝宝不知道是因为烦躁还是怎么的，莫名其妙地开始哭起来。新生儿就如同长途旅行的旅客到达目的地一样，经历了冗长乏味的飞行，突然变化的气候，到达异地的新鲜感，身体所必须承受的生理节律的剧烈变化等，其实所有这一切与新生儿所经历的初生那几天比起来实在不算什么大不了的。因此，新生儿需要时间来适应这个家和他周围的新环境也就不是什么稀奇事了。

不安情绪与哭声逐渐减少

小宝宝的神经系统仍然需要一些日子来适应新环境和身体上从内到外的变化。早在出生前，胎儿的大脑就开始自行区别有意义和没有意义的信号了。尽管如此，在最初的3个月，脑干的活动，例如一些涉及内脏的，还不是由大脑皮质来控制，它们依然是反射性的。所有的信号都要到达脑干，脑干神经元做它们分内的工作，将这些信号自动传递出去。新生儿对此唯一的回应就是哭泣或是感到慌乱。如果他看起来很不安，这也实在怪不得他，因为他没有任何其他的方式来发泄他的恐慌情绪。幸好，几个月之后情况就会有所好转。

3个月之后，我们就可以稍稍喘一口气了。这时候，小宝宝们通常会减少恐慌和哭泣的次数。平均每天哭泣的时间由原来的3个小时减少到了一个小时。这说明大脑皮质已经逐步地控制了脑干的神经元使它们能够对肌肉发出有刺激性的信息了。现在大脑皮层和脑干之间的联系更加密切有效了，脑皮质也具备了阻止突然冒出信号的能力。

轻摇小宝宝

小宝宝们都喜欢被抱在怀里轻轻地摇，你摇他的时候，他通常身体是一动不动的，眼皮慢慢地一张一合，几分钟之后他就昏昏欲睡了。我们到"后台"去转一小圈，看看小宝宝们到底为什么这么喜欢轻摇。幕后，一个控制身体姿势和平衡的系统静悄悄地完成着这项工作。如果小宝宝的大脑发育是一部电影的话，内耳前庭系统对此作出了卓越的贡献。

很可惜的是，我们只是在颠簸的飞机上或是在舞池里旋转得太快的时候才能感觉到我们的内耳前庭系统。它配合了我们的头、眼睛、躯干和四肢的运动来保证我们的平衡性。这个系统里最为重要的结构就是内耳迷路。

内耳前庭系统在出生时就已经发育完毕且可以正常运作了。一个新生儿可以在俯卧的姿势下，抬起头并把头转到另外一侧以便于更顺畅地呼吸。改变小宝宝的姿势是有一定学问的，竖立着抱着宝宝面向正前方可以使小宝宝更加警惕和集中精力，把他平躺着抱在你的怀里可以使他更放松且很容易困倦。我们大人也能感觉到"坐着做笔记"和"躺着看电视"的区别。

内耳前庭系统是有髓鞘包围的，这也就解释了为什么小宝宝们喜欢被平躺着抱在怀中轻轻地摇，这可是一个安抚宝宝让他们尽快平静下来的好办法啊。

令人欣慰的一丝解脱

新生儿们每天睡着的时间有大约16个小时，醒着的时间只有8个小时，这对于睡眼惺忪的父母亲们来说真是一个小小的安慰。只可惜这16小时的睡眠分摊在24小时之内的不同时间。所以新生儿的爸爸妈妈们一次能够连续睡上个3~4小时就不错了。有些时候我们会觉得小宝宝黑夜白天睡颠倒了甚至认为他生错时区了。

小宝宝3个月之后情况会有所转变。一般到了这个月份的婴儿可以一次连续睡上8小时，对他的父母亲来说这无疑是件很高兴的事。3个月大的宝宝，70%是可以睡整夜的。到了5个月，90%的婴儿睡整夜。到一岁的时候，小宝宝一宿通常可以睡12个小时。

睡眠时间的增长也使小宝宝的生活规律化了。这种白天夜晚循环的方式叫做昼夜节律，这个词是从拉丁语单词来的。小宝宝的生活有了节奏对心烦意乱、整夜无眠的父母来说就像是心灵得到了芳香精油的滋润。其实昼夜节律在小宝宝1个月大的时候就已经形成一些了，只是后2个月发展得更为明显罢了。

昼夜节律基本上是由光线的明亮和黑暗程度来控制的。早上当光线照射到宝宝眼睛后的视网膜的时候，掌管睡眠和清醒这一循环的丘脑下部就会收到一个信号。丘脑下部将这个信号传给脑部松果体，大脑中间部分的结构——脑仁，松果腺于是减少使人产生困意的褪黑素的数量。白天光线强烈的时候，褪黑素数量减少，但到了晚上光线减弱时，褪黑素的数量增加。不过在这个系统能够顺利工作之前，小宝宝的身体和神经系统都需要经历一些变化。胎儿在子宫里时，褪黑素通过脐带传到他的血液里，现在呢，他的松果腺必须要接过这项使睡眠规律化的重任了。它只能自己区分白天的日光和强烈的灯光以及夜晚的黑暗并以此为基础进行功能性调节。

在新生儿的血液中只能发现极少量的褪黑素并且他们也没有褪黑素分泌物。新生儿2~3个月大时，他的脑部松果体发育成熟，开始有一个规律性分泌褪黑素的模式。昼夜节律一旦形成，新生儿的睡眠状态就进入了一个白天清醒，夜晚熟睡且晚间的睡眠长于白天打盹时间的良性循环之中。小宝宝们怎么进入睡眠状态和他们睡多长时间都是由每个人的神经系统来决定的，在这一点上与成年人的行为吻合，每个人都不同。有些小宝宝真的可以称为"夜鹰"，而另外一些宝宝在太阳一下山时眼皮就睁不开了。

新生儿的体温也随着他的昼夜节律起伏不定。从刚刚出生到一个月左右，他的昼夜节律还没有完全形成，他的体温一整天基本保持在大约36.7℃。3个月左右，他的体温在下午4点达到最高值大约37.4℃。这之后，体温会下降到午夜时的最低点大约36.6℃，但到清晨还会恢复一些。成年人体温升高较早的，是那些精神抖擞生气勃勃的说声"早晨，你好！"的人，而体温晚些时候才升高的人，早上则倾向于赖床还要嘟嘟囔囔地说："起那么早干什么呀。"

到3~4个月大时，不仅小宝宝的睡眠循环会有所改善，连他睡眠的模式也会发生一些变化。他开始有了深度睡眠和快速眼动 (REM) 的表层睡眠的区分。表层睡眠因为睡得轻，而且身体和眼部都有动作而得此名。有时候，你甚至可以看到他闭紧的眼皮下迅速转动的眼球。在表层睡眠中成年人更容易做梦。小宝宝们也是如此吧，在睡眠期间大脑受到的外界刺激减少，相反来自于大脑内部的刺激增加了。这可以和胎儿出生前视觉系统所受到的内部刺激相比较，都对建立构造之间的基本联系起至关重要作用。

由于不同程度的刺激对神经元的分类和发展都有积极贡献，我们推测表层睡眠对新生儿大脑的发育也很有益处，尤其是在初生的那几个月。新生儿大部分时间是处于表层睡眠状态的，到3个月时，表层睡眠时间减少到只占其睡眠总时间的三分之一，到了6个月，只占五分之一左右。

随着表层睡眠时间的递减，婴儿醒着的时间逐渐增多，他的精力也随之可以更加集中于他身边的环境，他的大脑也开始接受更丰富的来自于外界的刺激了。

与医生的初次会面

在新生儿两到四周之间，一般医生会给他做一次比较全面的检查。对于新生儿的父母亲来说，了解医生是怎样做这个初次检查的会让他们心里感到踏实些。如果父母亲还能够亲自动手参与的话那就更好了。有一项研究观察了3组母亲的行为。第一组母亲只是被告知检查的结果，第二组母亲观看了检查的全过程，第3组母亲则亲自动手参与了一些检查项目。对于最后这组母亲来说，她们亲眼看到并且亲身感受了小宝宝是怎样回应她们的。1个月后，研究人员对这些妈妈们进行家庭回访时发现，第三组母亲比前两组母亲更加对她们的宝宝负责。

初生婴儿的评估检查大致是这样的：医生检查新生儿的眼睛追随一个物体的能力及对声音的反应。这时妈妈们通常会为自己的宝宝视力和听力的正常松一口气。接下来医生要检查新生儿的肌肉发育是否正常及他们的条件反射状况。妈妈们几乎是出神地看着医生是怎么托着宝宝的腰轻轻把他放低直到小脚尖刚好够到检查台。小宝宝们会一只脚前一只脚后地做踏步的动作，医生解释到几个月后还要做同样的检查，不过到下一次小宝宝们就不该再重复这个动作了。跨步反射证实了宝宝在子宫里倾向一边的现象，通常他们先迈出的是右脚。医生还会向妈妈们提出一些关于日常生活的问题，例如：小宝宝一次睡多久？

间隔多长时间吃一次奶？他是否有情绪上的波动？作为母亲你是怎么看待小宝宝的个性的？当医生和妈妈们交谈时，有些小宝宝就显出了烦躁情绪甚至哭了起来。医生会解释说宝宝们也有自己解除忧伤的办法，很多宝宝已经发现了一个很好的"计策"，那就是嘬大拇指。慢慢地嘬可以使他们的四肢活动逐渐减少，因此情绪也会慢慢平稳下来。

如果小宝宝不能安抚自己的话，那么妈妈可以对着他的一只耳朵轻轻地说几句话，也许这样会有助于小宝宝集中精力从而忘掉自己暂时的烦恼。还有一个办法就是妈妈抓住宝宝的两只胳膊以限制他的活动。限制四肢活动的同时也减少了外界对他的刺激。这项结果来源于对其他文化襁褓期婴儿手脚活动的观察。我小的时候，儿科医生曾建议我妈妈这样做，我妈妈说这是当时对付我最有效的办法——现在也仍然如此。

一个宝宝一个样

第二个孩子安德鲁出生后，黛博拉经常回忆起最初带宝宝艾米丽的情形，好像那一切都是一场完美的梦一样。她和艾伦是年轻父母朋友们羡慕和嫉妒的对象。眼睛亮闪闪的艾米丽是个精力充沛的小家伙，养育她就如同小鸭子自己下水一样自然简单。从医院回来几个星期后，她就开始睡整夜了。有的时候黛博拉的母亲晚上过来帮忙，艾米丽平静地接受外婆抱着她走来走去，换尿布的时候也不会有任何意见。如果黛博拉的母亲没有时间过来的话，这对年轻的父母就带着她出去吃饭。他们把她放在一边，她要么睁着眼睛安静地观看四周，要么就无声无息地入睡了。厨房里不断传出碟子叮叮当当的声音或者悬在头顶上的大灯都不会影响她的休息。她的性情柔顺，经常微笑。简单说吧，她是父母心中完美宝宝形象的代表。

两年以后他们的儿子安德鲁出生了，黛博拉和艾伦被彻底难倒了。安德鲁在育婴室里就像是一个暴民煽动者，毫无感激之情地大声哭喊，小胳膊小腿在空中胡乱挥舞，好像要把这个世界都推得远远的。回家以后他的态度也没有好转。安德鲁吃奶的时候总是很容易犯困，每次都吃不够量，因此他总是很饿。黛博拉和艾伦的黑眼圈越来越大且颜色日渐加深，而他们的耐心却是一天不如一天了。好不容易两个人决定要去吃浪漫的烛光晚餐，好心肠的外婆来接安德鲁的时候，他显得异常烦躁。他甚至不喜欢被带出去散步！当身边有声响或有光亮时，他会被惊醒然后开始哭泣。他还会经常哭个没完没了，小屁股也经常被尿布弄得红红的。他总是有各式各样的要求且难以取悦。回头看看，如果说艾米丽是一个小天使的话，那么安德鲁就是一个难伺候的住店房客。一个家庭中的两个孩子怎么会如此不同？再往后想，更担心了，安德鲁会不会一直这样下去呢？

就如同每个新生儿都在大脑中带上了"有色眼镜"一样，他们经历外界事物时所做出的反应也是非常个性化的。艾米丽是个容易与人交往的孩子，聪明且反应敏捷。可安德鲁呢，正好相反，他对所有日常活动的变化都非常反感。这个最基本的个性化行为就是性格。有些人在初生时期表现出来的性格会伴随他的一生。不管怎么说，性格的铸造是靠遗传、个人经历和身心的成熟来完成的。

杰罗姆·卡根和他在哈佛婴幼儿研究小组的同事们正在建立一个以婴儿的性格和行为为研究对象的长期项目。他们集中观察了婴儿是怎样对新鲜的事物做出反应的这一行为。他们把对每一个婴儿的基础行为进行了观察并且记录下来，以便与他们长大些时候的行为做比较。他们的试验项目是针对每个婴儿不同年龄来量身定做的。

他们测试婴儿反应的试验是完全没有伤害性的。当婴儿4个月大时，试验人员在他们的面前晃动移动电话，同时他们还可以听到一个非常奇怪的声音。在14~20个月之间，研究人员要观察他们对不熟悉环境的惧怕程度。3岁时，看他们遇到一个没见过面的小朋友时的社交能力，7岁时观察他们在一群孩子中的表现。

对4个月大的婴儿所做的试验虽然对他们没有任何伤害，但对于他们的年龄来说无论如何是不舒服的。我们举例说明，让艾米丽和安娜都做这项试验。第一种情形是，把艾米丽放在置于桌子旁的婴儿躺椅上，而她的妈妈则在房间的一角。这之后试验人员让她听到一个女生用奇怪的语调说："你真是一个好宝宝。"艾米丽显得很安静和镇定，只是轻轻地把头歪向一边，然后慢慢地转动她那双亮闪闪的大眼睛看着周边。她的朋友安娜在听到这个怪怪的女声之后则有明显的伤感情绪。她费劲地扭动着身体甚至还拱起她的背，四肢做着僵硬的动作好像要把自己推向一边，嘴巴往下一撇，紧接着就哭了。

另一个情形是，把一个颜色鲜艳的儿童玩具式移动电话放在他们的头旁边，安娜对不熟悉的声音做出了同样的反应，而艾米丽仍然很平静。观察结果表明有20%的婴儿和安娜一样过度反应，而有40%的婴儿和艾米丽相同属低调反应。研究人员还发现艾米丽们比安娜们更容易笑，社交能力似乎也更强。

哈佛婴幼儿研究院的研究人员认真观察了这两组反应比较偏激、差异较大的婴儿。那就是被认为"过度反应"的安娜们和"低调反应"的艾米丽们。和刚出生时做跟刺及2个月时打第一次打预防针时的反应雷同，4个月大的婴儿对陌生事物所表现出来的恐惧或平静也是有生理原因作基础的。安娜们的神经系统比较敏感，与艾米丽们相比她们的反应也自然会更强烈一些。

神经系统的形成与基因和子宫里的状况有直接的原因。母亲在孕期长期处于紧张有压力的状态很有可能导致胎儿的神经系统比较敏感。如果你对个性化的神经系统的形成有一些了解的话，那么你也就会进一步明白了为什么有些小宝宝会比其他小宝宝哭的次数多，身体的运动也比较频繁且相对难以平静下来等等。除此之外，了解小宝宝神经系统的形成也会帮助你成为一个更加自信和更加耐心的父母。

尽管如此，婴儿期的这种个性化性情有些时候是可以随着年龄的增长而有所改变的。到了上学的年纪，安娜对新生事物将不再做出过激的反应，因为她的神经系统逐步发育成熟，同时她也拥有了接触其他新事物的经验。

性情和养育宝宝的方式

了解小宝宝的性情并且逐步掌握对付他们烦躁的技巧，这对于父母亲日后如何同宝宝进行交流具有深远的意义。荷兰列登大学的迪芬娜·范登布，发现很多母亲会渐渐忽略小宝宝的烦躁情绪，和他们在一起亲近的时间也同时减少。她指出，如果妈妈们学会应对孩子焦虑心情的技巧，她们会变得更加有责任感，小宝宝们呢也会减少出现不安和烦躁情绪的次数。这样大自然赋予的母亲和孩子之间的关系也就更加亲密了。

在范登布的指导下，试验组里的母亲们得到了一些关于在家里如何回应小宝宝需求的提示。试验人员选择了一些刚刚出生10~15天的婴儿，在做新生儿评估时他们的分数中等，但是在随后的试验中出现过度反应。到了小宝宝们6个月的时候，他们做了家庭回访，目的是看一看母亲是如何和她们的宝宝进行交流的。比如说，当小宝宝哭泣或轻声嘀嘀咕咕时，妈妈们是怎么回应他们的。

在随后的3个月中，试验人员又分别几次给这些参与试验的妈妈们示范了怎样观察小宝宝，当察觉出他的不安时应该怎样做相对正确的处理。他们还鼓励妈妈们模仿婴儿的声音，但如果宝宝们把眼光移开妈妈们就可以暂时保持沉默。他们还帮助妈妈们找出最能安抚小宝宝的方法，比如说有些小宝宝喜欢有亲近的身体接触而有些则不然。

在小宝宝们九个月的时候,试验人员把参与试验的妈妈们与没有得到任何养育方法指导的妈妈们进行了比较后发现,经过培训的妈妈们对她们的小宝宝显得更加有责任感、更活跃,对她们的小宝宝也更上心。这些小宝宝们也似乎更有社交的愿望与能力,能够较好地安抚自己并且哭的次数也较少。除此之外,小宝宝们还表现出对周边环境更感兴趣。

在哈佛婴幼儿研究小组工作的多伦·阿库斯指出,养育方式在一定程度上影响孩子是否对外界的新鲜事物产生恐惧感。她的研究对象是那些在4个月时对陌生环境做出过度反应或低调反应的婴儿。他们发现到了14个月的时候,那些曾经有过度反应记录的孩子在面对陌生的事物或人时的反应仍有可能比以前就低调反应的孩子要强烈。一些典型的试验场景如下:让一个穿着白大褂头戴防毒面具的人接近孩子,或是给他们一个可以以不同速度旋转的玩具鼓但配上了刺耳的难听声音,再有就是鼓励孩子去接近一个能发出男人声音且有灯光闪亮的金属机器人。

阿库斯观察了一些5~13个月大的婴儿并且把他们和他们的母亲的日常行为记录下来。她由此区分出两种教育方式:宽容型的和权威型的母亲。权威型母亲通常要求孩子绝对地服从,甚至为了达到这种目的还会对婴儿采取一些惩罚的措施。当然我们在这儿所指的权威是在适合婴儿的年龄和性情而制定的不允许超越的界限。宽容型母亲是随着婴儿的情绪来调节教育的方式,主要是想让孩子感到快乐。权威型的母亲认为不可能总让孩子感到高兴,她们想通过帮助孩子以她们自己为榜样的同时来让他们明白一些道理。

小宝宝一岁多一点的时候,宽容型妈妈一听到小宝宝的哭声或是看到小宝宝情绪烦躁就会立即做出反应,她们认为所有小宝宝的需求都应马上得到满足。而权威型妈妈通常会等一会儿,给小宝宝一个自我安抚、平息情绪的机会。到了快两岁的时候,宽容型妈妈除了会把小宝宝从有潜在危险的地方拉开外,一般情况下是不太干涉小宝宝的"探险"活动的。同时她们还尽量不让孩子有挫折感。权威型妈妈在看到孩子的行为有潜在危险或不符合常人定下的规矩时会毫不犹豫地说不。

研究人员观察了14个月大的小宝宝对陌生环境及新鲜事物的反应,比如说给他们看一个小丑的模样。对以往就是低调反应的宝宝来说,无论他们的妈妈是宽容型还是权威型对他们的影响都不大。但是对以往是过度反应的宝宝来说情况就大不相同了。令人惊异的是,在4个月时有过度反应,同时又拥有一个宽容型妈妈的宝宝比其他14个月大的宝宝表现出来更深的焦虑。而有过度反应记录，但拥有权威型妈妈的宝宝却要比预期的反应显现得平静得多。对此的解释之一就是那些拥有权威型母亲的孩子对失败和挫折体会更深。母亲在平和镇定的心态下所定下的规矩和界限在这些小宝宝看来是母亲在身旁支持他们的表示。因此，他们在陌生环境中也会产生某种安全感。

思 考 题

什么是照顾宝宝的 "正确方式"?

没有哪一种方式是适合所有的宝宝的。小宝宝在生理和心理方面的需求实在是大不相同。养育孩子的方式在很大程度上是与孩子出生的文化背景密切相关的。在有些文化中，母亲即使下地种田也会把孩子背在背上。但对于那些在企业里坐班的或是指挥交通的及在医院急诊室里工作的人来说，这是绝对不可能的。非西方国家的母亲们通常把孩子带在身边，但是她们很少会像西方母亲一样亲吻搂抱孩子或是与孩子说话交流。

时代不同养育孩子的方法也不尽相同。18世纪时，富裕的家庭通常会雇佣奶妈。在纸尿裤发明前，家长很早就开始训练宝宝学习如何如厕了。

关于对待家中即将到来的新成员，父母亲之间应该尽可能地多交流想法，在与医生、护士和助产士的谈话中要采用一致的态度。

喂母乳还是吃奶粉?

母乳为新生儿的健康提供了最自然的特殊保护。但是一定要耐心。无论是对母亲还是对新生儿来说都需要一个适应的过程。正如1999年11月号的《家长》杂志中瓦莱丽·弗朗克写道："母乳喂养是最自然的，但并不一定是最顺手的方法。"一般母子之间要一个星期左右才能协调好。

如果母乳喂养的可能性很小，妈妈们也不用担心给宝宝用奶瓶喝奶会对他们的大脑发育产生任何负面影响。用奶瓶的一个优势就是父亲也可以分享喂孩子的快乐，而且给他们之间制造了一个亲近的机会。

新生儿适应期间，我应该如何对他的哭泣和不安情绪采取措施?

了解新生儿的神经系统是如何发育的会对你将采取的措施有所帮助。一般来说，从出生到6个星期左右，宝宝哭的次数呈增长趋势，但到了2~3个月时，他们哭的次数会逐渐减少。不过，有些宝宝无论好心的父母怎么哄都是哭个不停的。

随着你对小宝宝的日渐熟悉，你也就可以分辨出他的哭声了：饿了、累了、疼了还是尿裤湿了不舒服或是有胃气涨?有些时候小宝宝是没有缘由莫名其妙地哭，尤其是在晚上睡觉前。这主要还是因为小宝宝的大脑还没有能力处理好来自于身体内部的大量信号。小宝宝的身体也还没有开始生产褪黑素，大脑一时还不能调节昼夜节律所致。

一旦小宝宝的神经系统适应了新的环境，他自己就会形成一个昼夜节律和吃奶的常规。到五个月时大多数的宝宝都可以睡整夜了，吃奶的时间和间隔也逐渐规律化。了解宝宝的昼夜节律意味着很多时候父母可以预测他的烦躁情绪。所以最好是在他产生不安情绪之前就让他吃饱，哄好他或是让他睡上一小觉。如果小宝宝的情绪烦躁是突发性的，没有一定规律，那么家长就要尽量引导宝宝让他的生活节奏规律化，定时喂奶、睡觉和安排其他活动。

由于新生儿的大脑内部非常的繁忙，所以安抚宝宝的办法之一就是让他尽量少受外界的刺激。把他安稳地抱在怀中轻轻地摇要比给他听音乐或是拿一个玩具在他眼前晃更行之有效。无论在什么情况下都要绝对禁止抓住宝宝使劲地摇摆。小宝宝脖子上的肌肉还不足以支撑他脑袋的重量况且他的头骨也还不够坚硬。这种过度的摇摆会给宝宝造成致命的伤害或是引起脑震荡。如果你对你的宝宝持续不断的哭泣束手无策的话，那么尽快去找医生来帮你。

尽管父母亲不能减少在这段时间内小宝宝哭泣的次数，但通过他们的努力是可以让小宝宝哭泣的时间缩短的。比如：每天都有一定的时间好好地把宝宝抱在胸前，让他的饮食、睡眠、玩耍及外出散步的时间尽量规律化等。

我们两人怎么办?

对于你和你的配偶来说，这段时间是极具挑战性的。你们同样需要时间在一起来加深你们之间的感情，同时你们也需要聚集勇气来面对你们所要共同承担的责任。安排好你们两个人外出去享受一下两人世界，放松一下。如果你们能找到信赖的家人或朋友帮你照顾小宝宝的话，你们甚至可以一起出游一周。母亲或是父亲全天照顾宝宝的，每周应该有至少半天的时间离开宝宝，自我放松一下。

我应该怎样帮助过度反应的宝宝，使他在学走路之前就减少对新事物的恐惧感？

对于那些对新生事物或新环境有强烈反应倾向的宝宝，一种温和专断型的养育方式会有诸多的好处。在最初的几个月里要帮小宝宝建立一套日常的生活常规。当他开始可以自己爬时，他需要一些明确的界限来制定他的活动范围。比如：当他要爬到桌子上时，与其无声地摆上一些障碍物，不如看着他的眼睛明确地告诉他不行。如果他还要继续爬上去的话，可以再次向他说不行的同时，把他轻轻地抱到厨房中比较安全的地方。同时为了引开他的注意力还可以给他一个小盘子或是木勺。

4

探　险

小宝宝的感觉是他的导航工具，大量丰富的新信号就是他的天线，并且每一根对他来说都是有意义的。反正从一开始，我们的小哥伦布先生就率领他的船队穿过没有导航线的水域而且还迅速地给自己绘制了一张地图。

在出生的第一年，小宝宝看世界的能力增长之快是始料不及的。到3~4个月大时，他不睡觉的时间由8个小时提高到了10甚至12个小时。每次睡眠之间的间隔也随之加长了。睡眠时间的缩短意味着他有更多的时间来接受身边的新生事物。

比如抓住一个小东西把它翻转过来，轻轻触摸妈妈的掌心，感觉一下爸爸坚硬的山羊胡和小熊玩具毛茸茸的布面都是小宝宝认识和感知身边新环境的途径。到了能坐、能爬、能站的时候。他的视野和所能接触的范围也增大了。由于他的听觉、视觉和触觉都可以派上用途，加上大脑支配肌肉的能力也有所增强，条件反射已经没有什么作用了。

有了这些感觉作为基础，小宝宝的行为也变得越来越主动了。他不仅仅是看到了，他还会聚精会神地去看，他不仅仅是听到了，他还要竖起耳朵来听。他可以把全部精力集中到一个很有吸引力的玩具上或是在行动之前做一番计划，然后按部就班地来实施各个步骤。

充满新奇的世界

"注意了，请注意!"所有身边的一切似乎都在这样召唤着你的小宝宝。最初的几个月是5个感觉器官迅速发展的时期，在这个阶段小宝宝认识、接触和学会区分东西。看到不同的颜色，辨别出声音和音乐，对玩具所采用的不同质地的布料也有所感觉。5个感官所接受的大量丰富的新信息尤其刺激着大脑内部的网状结构，命令它发出更多的神经递质，使小宝宝更警觉也更乐意发现身边众多令他兴奋的东西。这个过程和他出生时神经系统所受到的、来自于外界的突然刺激类似。现在他可以看到身边更多的事物，并且可以集中精力到某一件事或某一个物体上并因此而忽略其他身边分散他注意力的东西。现在的小宝宝可以心平气和地集中至少两分钟的精力去看或者听了。

开 阔 视 野

一般来说，2个月大的宝宝是非常喜欢你把他放在桌子上，或让他斜靠在儿童椅上看你吃饭的。这个时候宝宝会突然觉得他身边周围发生的一切都是那样令他着迷。在刚出生的两个月里，宝宝的视野是非常有限的，只能看到距离他1英尺（约等于30.48厘米）左右的事物，而现在他观察的视角一下子开阔了。他的眼睛自然而然地跟随物体转动。给他提供这种可能性的是脑皮层下部的一个叫做上丘的特殊组织。它位于大脑的中部，脑干的上部。上丘负责捕捉视野中移动的物体，再糅合进感官所带进来的信息使小宝宝有可能看到并用眼光跟随某样东西。一开始，小宝宝们通常都会喜欢看移动的物体，因为他们的视觉系统中负责捕捉移动物体的组织要比辨别形状和颜色的组织发育得早。

2个月大的宝宝由于脑皮层发育得较好，有了一定的控制能力，所以他的眼光追随物体时也显得更加自如了。在2~4个月之间的时候，某一天你会突然发现宝宝并不是在凝视而实际上是在"捕捉"所有在他眼前出现的东西。他情不自禁地盯着所有出现在他视野范围之内的物体。这说明一个新的系统形成了。直到目前为止，他看运动中的物体本身是一种反射所致。只有脑皮层的控制能力增强了，他才有可能看他想要看的东西。3个月左右的时候，神经轴索外裹着的髓磷脂使他的脑皮层和眼睛的联系更密切了。

小宝宝现在不仅可以看到别人脸型的轮廓而且还可以看到脸部的很多细节。视网膜内的锥体细胞大量增长且日趋成熟使小宝宝眼前的画面变得更加清晰，而且色彩也更加丰富了。视觉敏锐化在随后的两年中还会不断增强，这之后直到青春期，视觉敏锐力增长的速度逐步减缓。现在他有了看清颜色的可能，所以鲜艳的颜色通常会吸引他的注意力。3个月后，他会对你的朋友送给他的移动电话玩具产生极大的兴趣。

堪尼萨方块（测试图）　　　　随机模式（控制图）

"堪尼萨方块"测试：看左图呈现的方块形状和右图没有连线的图形在大脑中显示出不同的电子活动模式。

为了看清在绳子上跳来跳去的某个玩意儿，小宝宝会集中他全部的精力，但是他把玩意儿和绳子分开看成是两个完全没有关系的物体，同时他也会忽略玩意儿所处的背景，只看到玩意儿本身。到了4个月左右，他才可以把玩意儿身后的背景看成是衬托。

G. 斯伯拉和他的同事做了一项非常有趣的观察，他们给婴儿看了一个叫做堪尼萨方块（Kanizsa Square）的图形。当你看这个图形时，你可以看到那个方块实际上只不过是一种想象。它并没有真正地存在，只是你的大脑把它拼起来让你"看到"了它。我们成年人看这个画面的时候，大量高频率电波（伽马电波）出现在我们大脑里的视觉区域之内。

研究人员给婴儿看了堪尼萨方块图形和另外一个线条没有连接起来不能构成方形的图形。在看到方形图形时，8个月宝宝的大脑中呈现出了和成年人一样的伽马电波，但6个月宝宝的大脑中却没有。不过8个月宝宝在看没有方形的图片时，大脑里也没有此电波的产生。这说明婴儿的大脑在他7~8个月时发育成熟并产生变化，从而我们也可以从脑电图（EEG）上观察到他们的回应。研究结果还表明了我们可以在这个年纪就观察到大脑的活动。

4~7个月时，小宝宝具备了从三维空间看到物体的能力了。在这段时间里，视觉皮层的发育极为迅速。这个区域把从双眼得到的信息融合，使视觉的三维空间化成为可能。你也许还记得我们以前提到的，在胎儿出生前最有效的大脑刺激实际上来自于子宫内部，现在，为了使脑丘体和视觉皮层完全地连接起来，大脑是非常需要来自于外界的视觉刺激的。

这种突然性的视觉感官上的剧烈变化对小宝宝的未来具有深远的意义。从出生到8个月期间，视觉皮层的突触增长了10倍，是他一生中增长最快的阶段。这段时间可以比喻成花期，就像是夏天满园盛放的鲜花一般。到小宝宝3~4个月大的时候，他的视觉皮层和他成年后的一样多，而他目前大脑的重量只是他成年后的一半。

花开过了，紧接着就到了该修剪的阶段了。小宝宝视觉的发育会引起突触的减少。那些曾经用过的突触留了下来，而那些从未被使用过的突触就被淘汰了，或者说是被"修剪"掉了。从他八个月大开始，视觉皮层里的突触将会慢慢减少，直到10岁时达到成年人的水平。在整个过程中，他的观察能力越来越强，看东西时也可以看到越来越多的细节，直到青春期他的视觉皮层的发育才完全成熟。

在小宝宝生活的环境中已经有了让视觉系统得到充分发育的一切物质。这些通常被称为体验预期活动，一般情况下，婴儿并不需要特殊的眼力训练。但是，如果你的小宝宝的视力存在问题的话，他的视觉系统的发育会因此受到影响，甚至会发育不完全。所以，视力问题一定要尽快得到矫正。最常见的就是出现内斜眼，如果不矫正的话，大脑将会习惯于一只眼睛看东西，那么以后就没有矫正的可能了。如果你觉得你的小宝宝可能有这方面的问题，请尽快找专家来诊断，在孩子视觉系统的发育过程中是完全有可能矫正好的。

从声音到音乐

就好像你在小宝宝不安或哭泣时为了安慰他而自然而然地轻轻哼一首小曲一样，音乐对小宝宝的影响比你想象的作用还要大，其实对我们每个人来说都是如此。就如作家罗曼·罗兰说的："音乐是开启心灵的钥匙。"在全世界的每一个角落，宝宝们都可以听到轻柔、舒缓、旋律简单且重复、动人的摇篮曲。

2~3个月大的时候，小宝宝对音乐显示出浓厚的兴趣。他会转过头来竖起耳朵听墙上瑞士钟里小鸟的叫声，或是被父亲吹"铃儿响叮当"的口哨声音所吸引。很快小宝宝就是一个有品位的听众了。让我们来看一下马赛尔·曾内尔和杰罗姆·卡根做的一项有趣的试验结果。他们认为小宝宝在四个月大的时候就已经对轻柔的音乐相当敏感了。首先他们给宝宝们听了旋律优美的儿歌，宝宝们总是会平静地看着四周并显出一副很满意的样子。但是当他们听到同一首儿歌却被改成不和谐的音律时，他们通常会厌恶地皱起眉头并且开始哭泣，好像这旋律让他们感到非常痛苦。给成年人做同样的试验显示了这种不协调的音乐激活了脑边缘系统区域,这一系统专门处理不愉快的感觉。

小宝宝们在一般情况下把妈妈唱的摇篮曲当做音乐。一出生的时候，他们的耳蜗，俗称内耳已经发育成熟，这意味着他们有能力将空气中的声波转换成电子信号传递到脑干。从脑干出发经过丘脑到达听觉皮层。当你哼唱一首小曲的时候，声波被分别转译成音量、音调等，只有在听觉皮层把它们重新拼凑一番之后才成为小宝宝所熟悉的旋律。

在小宝宝初生的那几个月还有一个有趣的现象。新生儿通常会把头转到有声音的一边，但2~4个月的时候，他们的这种能力明显减弱，可过一段时间之后又自然恢复。导致这一现象发生的原因可能是那段时间大脑里有一个新的系统正在形成中。新生儿脑袋转动是由脑干支配的一个反射现象，过几个月后，脑皮层掌握了更多的控制权，小宝宝就可以任意转动他的头了。这种U形的发展趋势和我们前面提到的婴儿的视觉系统发育过程有些类似。

小宝宝听觉系统的发育在出生的第一年可以说是突飞猛进。3个月大时，他的听觉皮层中的突触比他一生中的任何时候都要多。与视觉皮层相同，这些突触逐渐减少，只留下有用的那些。在宝宝6~10个月之间，连接丘脑和听觉皮层的听辐射已经完全包围在髓鞘里，这表明它发育成熟了。不过，听觉系统的完整发育要到孩子10岁左右才能够全部完成。在此之前，他的听力和辨别声音的能力会逐步增强。

小宝宝们并不需要什么特殊的听力训练，如同视觉系统的发育一样，围绕在小宝宝身边的各种声音对他来说已经足够了。但要注意他们对声音的反应，听力障碍发现得越及时越容易治疗。因此，在出生的第一个月就应该诊断出是否一切正常。对有一定障碍但又有部分听力尚存的孩子来说，一个助听器是比较好的解决办法。如果他完全丧失了听力，那么可以考虑移植一个耳蜗。80%接受耳蜗移植手术的孩子可以学习说话或者掌握一门语言。

良好的听力系统对小宝宝们显得异常重要，不仅是因为他们需要借此来了解身边的世界，而且听力更是他们与人交流的基石。同时这段时间也是他们为今后的语言能力及感情发展打下基础的良好时机。

感官系统的完美合作

正是因为一个婴儿各个感官系统的完美合作，这才为小宝宝接触和接受外界提供了可能性，同时让他们觉得所有这些经历都是那么的新奇有趣。我们知道在宝宝出生的时候，他的脑干发育已经基本完成，有支配其活动的能力。现在是脑皮层得到充分发育的时机。所有来自于每个感官的信息都集中到脑皮层，逐步得到发育的各个感官系统之间的联系也更加密切了，同时感官系统与脑皮层中负责感情色彩及储存记忆的区域之间的连接也建立了起来。

小宝宝们可以把看到的和听到的联系起来，有时候你会觉得他在"读"你的嘴唇。帕特里夏·库尔和安德鲁·梅佐夫给5个月大的宝宝看一个短片的同时让他们听到相应的音节，比如：衣服的"衣"或是包裹的"包"，然后他们把短片换成与原先听到的发音不再对应时发现，有三分之二的小宝宝盯着看发音与嘴形一致的短片时间更长，这说明他们是有能力通过对嘴形的观察来辨别发音的。

其他的研究和观察还发现小宝宝们能够把触觉和视觉联系在一起。由于婴儿嘴巴周边的触觉发育得最早而且也最为敏感，所以为了便于完成这项观察，他们给1个月大的婴儿嘬橡皮奶头。给第一组小宝宝的是那种光滑的圆形奶嘴，而第二组小宝宝得到的是带有一个小鼓包的奶嘴。研究人员让小宝宝们嘬了90秒之后将它们拿开，过一会儿，让他们首次同时看到了这两种有区别的橙色塑料奶嘴。让研究人员们感到惊讶的是小宝宝们对他们嘬过的奶嘴似乎更钟情，凝视的时间也更长。这就是说，不管通过了什么方式，他们记住了奶嘴的光滑或带鼓包的表面。他们把嘬奶嘴的感觉和眼前看到的形象形状联系了起来，也就是触觉与视觉的连接，这对于那些1个月大的婴儿来说真是一件了不起的事情。

婴儿的感觉是和大脑里的运动系统相关联的。所有他看到的、听到的和感觉到的在大脑里融合在一起形成了支配他身体肌肉行动的向导。到5个月大的时候，当他一听到丁零的声音他就会伸出手试图去抓住那个发声的东西。

发育之路

马修10个月的时候就开始走路了，这真让他骄傲的父母惊喜不已。他勇敢地把手从父亲的躺椅扶手上挪开，蹒跚地向房间的另外一头走去，直到他被父母的惊呼声吓住失去了平衡。他摔在地上，抬起头疑惑地看着他们，好像在用眼神询问："怎么了?发生什么事了?"显然，他身体中的一些系统还需要时间才能配合默契地完成一连串的动作。

小宝宝刚出生没多久，我们就可以通过一些迹象看出他具有支配肌肉活动的能力。那时他不仅能够做出条件反射，而且还可能做出一些不自主的动作。无论如何，学会使用肌肉还是需要时间和做大量的练习的。

一个小宝宝可以抬起头并且转动头，对我们来说这不仅是一个发育阶段里程碑的简单标志，更重要的是它意味着小宝宝可以运用他的肌肉来调整他的姿势和位置，更有利于他接触到身边的环境。2个月大的时候，他能够在90°范围之内控制头颈部的转动。但在2~5个月之间他就可以转动到180°了，这意味着他有观看周围事物和眼光跟随人在房间里走动的能力了。

在小宝宝的肌肉逐渐强壮的同时，运动系统中的轴索和中枢神经的神经元之间的联系也更加密切了。一开始神经系统的连接就像是崎岖的山路一样坑坑洼洼，信号的传递也有如乡间信件投递一般异常地艰难和缓慢。还好，大自然让我们发明了高速公路。轴索上的神经细胞被层次分明的髓磷脂包围着，这些髓磷脂把轴索一个一个地分开，扫清了障碍使得电波通过神经的速度提高了20倍。如果没有这些髓磷脂的话，要形成很厚的神经轴索才能完成同样的工作，那么我们的中枢神经的主干直径至少要像9英尺（约2.7米）粗的树干！在镜子前照一照你自己，想象一下就可以知道髓磷脂的作用是多么的伟大了。

初生婴儿所具有的一些条件反射能力的逐渐消失也证明了运动皮质和运动系统之间各个部分的连接逐步紧密有效。马修出生的时候，他的小手不由自主地抓住了父亲的一个手指，这是脑干指导下的条件反射之一。到了婴儿3~5个月大，这样的条件反射就自然消失了，他的小手在接触身边事物时就有了更大的自由。

小宝宝的运动皮质发育到现在就有可能阻止来源于脑干的命令了。运动皮质是极为多才多艺的。它不仅可以传递命令支配肌肉的运动，并且还肩负着阻碍、禁止一些活动的重任。过于激动和过于压抑之间的平衡也是由它来控制的。没有经过检测的兴奋会导致完全错误的身体运动，同时过多的压抑也会使身体运动明显减少。

3~5个月之间，随着髓鞘的形成，脑干和脑皮层的联系发展迅速。我们在第三篇中已经知道，也正是从这个时期开始，新生儿无名的烦躁和没完没了的哭泣逐渐减少。

马修4个月的时候，他的父母在他的眼前晃动一个颜色鲜艳的小铃，他非常急切地伸出手想要拿到它。一开始他的拳头在空中胡乱地挥舞，做着强劲有力的动作，但是只过了一小会儿他就学会了调整胳膊的姿势，等快要抓到东西时再攥拳头。到了5个月的时候，他可以用他的手指做抓的动作，看上去似乎能抓到了。

别小看一个小宝宝想要抓东西的愿望，它牵扯到大脑中许多不同区域的合作，而同时所有这些区域的系统都处在迅猛发育的阶段。有了视觉皮层的帮助，他看到了小铃。他的运动皮质通过中枢神经给肌肉发出了一个适宜的指令，告诉它们应该怎样做。同时位于大脑后部的小脑，充当导航塔。它接收到来自于肌肉、关节和内耳的信息，再把它们和小宝宝试图要做出的动作进行比较。小脑会对肌肉要做出的不正确反应予以更正。小脑对于学会怎样运用肌肉起着非常重要的作用。3~4个月之间，小脑与运动皮质之间的联系发展得极为迅速。出生后的第一年是小脑快速发育的时期。

小宝宝一旦抓住了小铃，他的第一个动作就是把它直接塞进嘴里。嘴巴周边的感觉异常敏感，因此小宝宝们通过这种方式来认识新生事物。

从这里到那里

小宝宝5~7个月之间，一般说来不用任何支撑就可以自己坐稳了。现在两只胳膊都获得了自由。婴儿的肌肉是很健壮的，小脑和内耳系统为他们能够抓到玩具制造了无数做伸展运动的机会。他们可以把放在他们身边的玩具都拿过来用手指爱抚一番或是用嘴给咬一遍。但是很快他们就不满足于此了，他们要自己去寻找想要的东西。

小宝宝试图通过挪动身体来抓到东西，这说明他的发育进入了一个新的历程，就如同他日后将拿到驾驶执照一样。你平静的日子就算是告一段落了。尽管小宝宝在四周大的时候就做出类似爬的动作，但真的能够完成这个动作却要等到他7~10个月左右。爬没有什么一定规则，小宝宝爬的姿势也不尽相同。尽管如此，爬也并不是一个成长的必经之路，有些宝宝完全省略了这个过程。

到9个月大的时候，马修发现他可以自己站起来了。他甚至可以在不撑扶任何物体的情况下独自站立几秒钟。扶着家具或栏杆站立比爬有意思多了，很快地他就迈出了他一生中真正的第一步。正如多次荣膺环法自行车赛冠军的尼尔·阿姆斯特朗说,这小小的一步对马修来说可是巨大的飞跃啊!

作为一个年轻的医生，我曾经非常感慨于一个小宝宝怎么可能在如此短暂的时间里学会如此众多的东西。那时我们通常都要看一本专家推荐的书，是阿诺德·吉塞尔和凯瑟琳娜·阿玛托达 合著的《发育诊断：正常与异常的儿童发育》。这本书中整齐地罗列出婴儿在哪一个年龄段应该具备什么样的能力。当我自己成为了父亲时，我简直等不及跟随我儿子的发育历程。我搬出吉塞尔博士砖头般厚重的著作并展示给我妻子爱丽诺看。当我发现我们的儿子发育状况落后于书中所描写的年龄段时，我妻子毫不犹豫地让我抛开那本书。几个月后，书突然找不到了，我于是怀疑这本书的神秘失踪与我妻子有关。现在我感到有些羞愧，因为20年以后，我收拾书房时在一个角落里找到了它。

说实在的，我们真的没有必要把自己孩子的行为和书中的理论做比较，但那时我确实那么做了。斯蒂文和马修的故事，是根据门诊病人妈妈的讲述记录的，它具有非常典型的意义。

斯蒂文11个月大的时候，他的妈妈邀请一个新朋友来家中作客，她有一个一岁的宝宝叫马修。当马修进门的时候，斯蒂文正安静地坐在他的游戏围栏里玩。他的妈妈看到马修是如何跑进门，双手抓住围栏一个倒栽葱跌进去时，惊讶地快喘不上气了。接下来在和新朋友聊天的过程中，斯蒂文的妈妈又知道了马修4个月就会坐、10个月就会走时，她开始担心斯蒂文的发育恐怕是要落后一步了。更糟糕的是，斯蒂文的妈妈又不断地把儿子的情况和书本中的有关婴儿发育的硬性指标做比较，那到最后就只有流泪的份了。

她的眼泪真的是大可不必。事实上斯蒂文从13个月起开始走路了。小宝宝在什么年龄段坐、爬或是走本来区别就很大。想想每一步的发育都要牵扯到那么多个系统的合作也就没有什么好大惊小怪的了。每一个系统的发育都是个性化的，系统与系统之间的连接也同样。虽然他们在不同的月份学会坐、爬或者走路，但这个顺序是相同的。有些宝宝在这些细节上显示出比别的宝宝更强的能力，但是不要忘记，所有这些在孩子成长的过程中都有可能改变。

记忆与学习

现在教给你一个可以和你的4个月大的宝宝一起玩的游戏。当他舒适地坐在婴儿椅上的时候，给他看一个能够吸引他注意力的玩具，比如：一个红颜色的小球。通常情况下，他会不错眼珠地凝视它。给他多看几次，不一会儿，他就懒得抬眼皮了，是的，他已经看烦了。10秒钟之后，给他看红色小球的同时加上另外一个同样色彩鲜艳且具有吸引力的玩具，例如：一个蓝色的小球。他会立即被"新"玩具吸引。他对两个玩具进行了比较的同时认出了他曾经见过的那个，现在只想看看这个新的是怎么回事。

这个游戏向我们证明了一个认同记忆，或是说一种区分新旧的能力，而这种能力正是学习能力的重要组成部分。能够认出不同的东西意味着小宝宝有能力记忆他以前见到过的东西。认同记忆是靠海马区域的帮助来完成的。人类大脑中海马区域的发育最迅猛期是在2~3个月大的时候。神经细胞根据它们未来的功能而迅速归类并且在神经主干上快速孕育出大量的新生的神经细胞。

新 奇 电 波

区别新旧能力并不仅仅限于视觉。小宝宝还可以区分出声音、味道和触觉的不同。运用脑电图技术就可以分别观测到这些。依斯兰内·德哈内-兰伯兹记录了婴儿听到说话声时的相关电位。首先2~3个月大的婴儿听到了相同的音节：ba-ba-ba-ba-ba。在第一个ba发出时，机器在颞叶部位监测到了波动，颞叶正是对说话声音进行处理的地方。在第三个ba之后，电波的活动明显减弱，表示小宝宝已经开始分神了。也就是说他们对ba这个音节已经习惯了，没有新鲜感了。

接下来，观察人员又给他们放了ba-ba-ba-ba-ga的音节，当婴儿听到ga的声音时，他们的电波重又跳回到第一次听到ba的水平。婴儿听出了音节的区别，很显然他们清晰地区分出ba-ga。

观察人员继续观察下去又有了新的发现。在通过脑电图检测出婴儿能够区分声音之后，一个新的电波活动出现在他的额叶。在与婴儿其他的感官反应试验结果做比较后发现，类似的电波都出现过。这种电波一开始是出现在脑外皮层区域，接着额叶出现"新奇"电波，这说明额叶对发现新奇事物起着重要的作用。

也许你会觉得新奇的东西总会胜出，那也不一定。当你和你4个月大的宝宝做这个游戏的时候，他只是要在两个比较"中性"的玩具中区分出哪一个是新的。他能够对旧的东西保持短暂的记忆直到他看到新的并且想多接触一下新的玩具。但是，见过的东西多了，他衡量的标准也会有所变化。对一个旧东西的感情会成为更重要的因素。他对每天陪伴他睡觉的小布熊的兴趣往往要超出他对任何一个新玩具的兴趣。

归　类

在小宝宝的大脑里，一个最令人感到兴奋的特征就是：他有了把从不同渠道得到的信息进行归类的能力了。这种通过比较而分类的过程有助于宝宝学习身边的事物。即使是在初生的那几个月里，婴儿就已经根据事物的外形来归类了。

一组研究人员给3~4个月大的小宝宝们看了小猫和小狗的照片。首先给他们看的是7张猫的照片，一张接一张地看。这些小猫的颜色不同，有些小猫趴着，有些则站着。看了几张照片之后，小宝宝们就开始不耐烦了，下一张再出现时也不会使劲盯着看了。但是如果换成小狗的照片，他们马上又开始目不转睛地看。这说明他们把狗当做一个新的东西来接受。区别小猫和小狗表明婴儿可以从照片中找到属于一类的共同点，比如说小猫的脸都是圆的，相比之下呢，小狗的脸都是长的。因此，小狗的长形脸就不会被归入"小猫"一类。

7个月大的婴儿看到一张展开翅膀飞翔的鸟的照片和一架飞机的照片之后，通常会把它们归为一类，因为它们都有翅膀。但是9到11个月大的婴儿就不会把它们归为一类。他们见过飞机的照片也看到过飞机飞上天空，他们听到过鸟的鸣叫也见过它们在地上寻找食物。婴儿不仅是通过外表来判定它的归属，他还会根据它的动作来判别。把外表和功能结合起来，比较之后再将它们归类也是最初级的对这个世界的"概念"的形成。

不在视线内，仍在脑海中

吉恩·皮亚格特，瑞士著名的生物学家和儿童心理学家的先驱，在通过和他自己孩子的玩耍过程中学到了很多东西。有一次，他给5个月大的女儿一个小玩具并且让她拿在手里玩了几秒钟，然后他把玩具轻轻拿开，放在了一个她看不到的地方。她并没有寻找它，对她来说那个东西"没有了"。过了几个月，他又重复了这个游戏，不过这一次，她可没有那么好骗了。她开始寻找那个玩具。皮亚格特说，她现在已经意识到了，那个东西还在，尽管她不能看到它。他把这个概念称为"物体存继性"。

皮亚格特还是世界上第一个发现小于7个半月的婴儿是不能将藏起来的东西在变换了位置之后找出来的。一个9个月大的婴儿能够找到它的重要原因是他有了一个神奇的叫做"工作记忆"的工具帮助了他。这样即使在他看不到玩具的情况下，他的脑海中仍然有一个它的图片在不断闪现。

今天的心理学家相信5个月大婴儿的物体存继性已经开始发育了，而且还找到了其他的原因来解释为什么5个月的宝宝不容易找到他们看不到的物体。比如：小宝宝们可能是因为胳膊没有那么长，够不到玩具或者他们还不能计划自己下一步骤的行动，还有就是他们没有像大一些的婴儿那么强的记忆力。

为了进一步观察婴儿的工作记忆，心理学家通常采用一个叫做"A不是B的游戏"（这个游戏是由皮亚格特发明的)。小宝宝们非常喜爱它。你也可以隔几个星期就在家和你的宝宝做一次，看看他的工作记忆是怎样一步步发展起来的。A不是B游戏的第一步骤是给小宝宝看两个茶杯，把一个有趣的小玩意藏在其中一个茶杯里面 (A)，然后用一小块布把茶杯口分别盖上让小宝宝看不到那个小玩意。过几秒钟之后让小宝宝去找，小宝宝通常会把手伸向研究人员藏东西的那个茶杯。研究人员又和宝宝玩了几次而且每一次都将玩意藏在同一个茶杯中 (A)。最后，当着小宝宝的面，他把小玩意放在了另一个茶杯中 (B)，再在上面盖上一块布。如果马上让宝宝找的话，他还是会找到的。

但是现在研究人员让小宝宝在寻找这个小玩意之前先得等上几秒钟，同时还要把他们的注意力吸引到茶杯以外的地方。这下，小宝宝回过头来再次开始找寻时，大多数6个月的婴儿把手伸向A杯，当然没有能够找到小玩意。他犯的就是A不是B的错误。

为了能够在隔几秒钟之后仍然能找到玩意，小宝宝必须一直保持住对它的记忆，即使是在被其他东西吸引的那几秒钟。这个比认同记忆要困难一些，认同记忆只是需要他能够辨别出两个玩具中哪一个是新的。而现在他需要工作记忆的帮助来让玩具的图像和它的位置一直保持在脑海。

随着小宝宝的长大，他们能够在A不是B游戏中被分散精力的时间也越来越长。阿黛尔·迪亚蒙观察到7个月的婴儿可以等2秒钟，一岁的宝宝都可以等10秒钟。玛莎·安·贝尔和内森·福克斯发现随着这个时间的增长，在他们额叶的电波中也有相应的变化，也就是说额叶对工作记忆的发育也起了重要的作用。

对幼猴的脑功能和工作记忆的研究结果与婴儿的吻合。当与幼猴做A不是B游戏时研究人员同样发现随着年龄的增长，它们记忆能力的增强以及额叶活动的变化。科学家们还发现主要的活动都集中在大脑的前部，就是前额后面的额前骨脑皮层。在幼猴等待的过程中，额前骨脑皮层的一组神经元异常活跃，这些神经元的活动应该就是支持记忆自始至终存在的基础。

阿黛尔·迪亚蒙对A不是B游戏的研究给我们带来了一个新视角。她观察到很多小宝宝在将手伸向错误茶杯之前都曾经瞄了一眼那个正确的位置。很显然他们还是克制不住自己将手伸向那个曾经藏过玩具的地方。尽管如此，2个月之后他们大都能抑制住这种冲动。仅此一项就可以说明为了达到某个目的 (拿到玩具)，他们已经有了很好地控制自己行为的能力。这个能力是需要额前骨脑皮层、海马区域和运动皮质的合作来完成的。小宝宝首先要记住玩意所藏的位置，然后作出一个决定，最后由大脑发出指令告诉他的肌肉该怎样做。

在小宝宝6~12个月期间，他的额前骨脑皮层的发育是突飞猛进的。我们可以通过对他们能量消耗的测量来推测出其发育的进程。新的研究方法让我们有可能推算出葡萄糖，也就是大脑的供给，在大脑的每一个区域是怎样被消耗掉的。额前骨脑皮层在这段时间里消耗掉的葡萄糖剧增。神经元正在不断地制造链接，同时也为忙碌的神经递质不断地输送谷氨酸盐。谷氨酸盐是一个人学习能力中不可缺少的要素。另外在这段时间里，电子信号在大脑中传递的效率也相应大幅度提高了。

活跃的记忆

小宝宝们学习和熟悉身边事物的方式之一就是通过把他们所做的事情和这个行为所导致的直接结果联系起来。如果他们觉得某种行为给他们带来了快乐的结局，他们将毫不犹豫地去重复它。卡罗琳·罗威·科利尔和她的同事对婴儿如何连接自己的行为与结果，怎样保持对结果的记忆以及日后怎么根据记忆的指导来支配自己的行为进行了研究。

小宝宝们经常伸出小腿在半空中踢来踢去，只是为了给自己增加一些快乐。看到一个在眼前晃动的小彩铃也会开心地笑。因此罗威·科利尔在小宝宝的脚腕上缠上丝带，丝带的另外一端系在婴儿床栏上，上面还有一个活动的小玩意。如果小宝宝快速地踢腿，那个小玩意也会运动起来，当然这是他的开心一刻。很快宝宝们就学会了通过运动自己健壮的小腿来获得快乐，于是他们就更加勤快地运动起来。

随着小宝宝们一天天长大，他们对能移动的小玩意的记忆也越来越长。2个月的时候，能保持住记忆一天，到了3个月，记忆可以保持到8天。6个月大时，他们可以记住这个小把戏14天。到底是什么原因导致小宝宝的记忆能力越来越强了呢？

有一种答案是，较小的婴儿可能不具备将支离破碎的记忆组合起来的能力。三组参与试验的婴儿虽然月龄不同，但他们玩耍这个活动小玩意的时间是差不多长的。但是月龄较小的婴儿并没有能够像月龄大一些的婴儿那样记住自己踢腿与玩具活动起来之间的关系。

较小婴儿的记忆是不是被抹掉了，就像我们用板擦擦黑板一样?还是小婴儿不能够唤回记忆并且重新利用它?为了进一步了解这些，研究人员又找来一组从来没有接触过这项试验的3个月大的婴儿。由于一般情况下，3个月的宝宝对这个把戏的记忆可以保持8天，这次他们故意让小宝宝们等上1个月，而在这1个月期间宝宝们有足够的时间来忘掉这一切。

在重新测试的前一天，一半的小宝宝被抱回到有移动玩意装置的小床上，研究人员用手滑动玩具，小宝宝们只是看着。第二天，这一组的所有宝宝都回到小床上，但只有头一天参与准备测试的宝宝一被抱回到床上就立即开始兴奋地踢腿。因此我们得知了，这个相关的记忆是一直储存在他们的大脑中的。小宝宝们只是需要一些鼓励来唤醒沉睡的东西。一个暗示、一条线索都可以成为"导火索"，这也正是发生在我们生活中每一天的事。也许你忘记了你母亲的生日，可当你路过花店的时候可能会猛然想起。

观察中学习

周围人的行为对小宝宝来说有着神奇的吸引力。一些科学家曾经指出即使是新生儿也会试图模仿成人的嘴部运动。模仿别人是增长本领，提高行为和语言能力的捷径。在婴儿9~12个月之间，他们开始模仿日常生活中观察到的行为。用梳子梳理头发，把电话贴近耳边试着"聊天"，或者抓住一支铅笔在纸上乱画对于他们来说都充满了无穷的乐趣。

从人生第一年的中期起，小宝宝们不仅可以立即模仿别人刚刚做出的动作，他们甚至可以记住这个动作，稍后再重新演示。雷切尔·科利和哈琳娜·海内给6个月大的婴儿展示了一块粘着不同小玩具的板子，板子与他们的距离刚好使他们能够看清，但手又够不到。试验人员选择其中一个玩具玩了起来，比如：拉一拉小细绳，木偶的腿就动一动。然后她又试着玩板子上不同的玩具。每玩一个玩具，她都重复动作六次，让小宝宝能够看清她手中的东西和她的玩法。

24小时之后，参与试验的小宝宝们和另外一组没有见到过这块板子的小宝宝们一起开始玩。头一天参与试验的宝宝们由于观察过板子上的玩具和别人运用的玩法，所以他们明显地比其他宝宝玩得更起劲。不仅如此，他们还准确地模仿出前一天所看到的动作。这说明，小宝宝们不用亲身体验而只是通过观察就能学会和记住如何运用某件物品。

小宝宝们甚至不需要观看真人在眼前做示范也能学会一些东西。安德鲁·梅佐夫给9个月大的宝宝看电视中的一个人是怎样搭双彩方块积木的。看过电视后，宝宝们开始模仿他的动作并且在24小时后仍然可以重复。

玩耍中学习

对于小宝宝们来说，体验这个世界本身就是玩耍，只是随着年龄的不同，玩耍的方式也不同罢了。一开始，他们嘴里面和嘴部周边的触觉非常敏感且极具重要性。所以大多数婴儿是用嘴来认识周边环境的。慢慢地发展到运用双手和眼睛。在差不多6个月时，婴儿一次只认准一件东西，他会把它翻过来调过去目不转睛地看，然后很自然地再放进嘴里。

小宝宝们往往会重复一些不经意看到的有趣的结果，比如说为了听响声而去摇晃拨浪鼓或把钥匙扔在地上。这个阶段正是他们需要让钥匙掉在地上，看菠菜从勺子上掉下来，用玩具锤砸圆圆大大的木塞的时候。请筋疲力尽的父母们不要忘记，小宝宝们正是通过这些来认识身边事物的因果关系的。

一个非常有趣的试验显示了在宝宝们快到一周岁的时候是如何为了达到某个目的而实施一系列"手段"的，这是一个目的性很强的过程。小宝宝们首先看到了一个玩具被放在一张他们够不到的桌子上。他们伸手可以够到的东西是一块布，布的另外一端系着一根细绳，细绳的那头就系着玩具了。但是在他们和那块布之间还有一个泡沫做的障碍物。12个月大的宝宝们已经可以先移开障碍物，拉过来那块布，抓到细绳一拽就得到玩具了。

也是在这个阶段，小宝宝们开始展示出一种"胜利者"的微笑，这是对首次完成一项任务时满足与喜悦的表示。他通过微笑来说："我成功了!"胜利者的微笑也代表了他向自我意识又迈进了一步。一旦某件事情被成功地完成了，它对小宝宝来说也就不再是什么挑战了，因此宝宝对它的兴趣也会减弱，重复做这件事时也不会再露出胜利者的微笑了。

小宝宝日新月异的变化会让你感到无比惊奇。他已经知道了每一件东西都有自己的地方并且有些时候他还知道怎么把它们放在那里。他还发现了他自己的某些动作会带来欢快的效应。他的记忆力帮助他记住他的感受并把它们与新的感受做一番比较。他对外界信息的接受量似乎是无限的。他开始克制自身的冲动，并为达到某种目的而做些简单的计划和策略。无论是在哪一个角落，他都可以找到新的东西来研究一番。他每日深陷在自己充满无穷乐趣的小世界中。

恐惧感的出现

乖巧的艾米丽是一个欢快的、喜欢社交的孩子。她清澈的双眼和阳光般灿烂的笑容让她身边的每一个人都感到舒心。即使是陌生人也可以很容易地把她带走。所以黛博拉对7个月大的艾米丽看到艾伦母亲来访时大哭大闹的情形感到非常震惊。充满爱心的祖母刚刚在佛罗里达州度过了冬天，一心只想抱一抱分别多日的心爱的孙女。当她刚一接近她的小天使的时候，艾米丽怪异地看了她一眼，紧接着脸色阴沉，几个喘息之后便传来了伤心的呜咽声。眼泪撕碎了祖母的心，黛博拉不得不同时安慰两颗受伤的心灵。

在7~10个月之间，小宝宝们对外界的反应差异很大。在通常情况下，面对陌生人或是要与照顾自己的人分开时，一般说来是妈妈，他们经常会做些消极抵抗。这种行为与文化背景没有任何关系，无论是生长在非洲、中美洲、欧洲还是美国或是中东的婴儿都表现出类似的行为。不仅如此，无论是在母亲后背上长大的孩子，还是外人照看的宝宝或者是在托儿所日托的婴儿，在这方面的表现别无二致。环境或人越陌生，宝宝们越容易流露出恐惧的痕迹。

其实在小宝宝们3~4个月大时，他们已经可以区分出家里人和陌生人。尽管如此，3~6个月期间小宝宝们还是会轻松地对几乎每一个人微笑。但是，为什么到了9个月大的时候，小宝宝会对接近他的陌生人感到不安了呢?由于这个现象是全球性的，所以我们可以假想出一定是在他们大脑的内部发生了什么变化。一种可能性就是工作记忆的能力在这个阶段增强了。

当婴儿大一些的时候看到陌生人接近自己时，他可以快速地将陌生人的特征与他熟悉的面孔记忆进行比较。但为了进行这样的比较，他必须要从他的记忆库存中提取出一个代表性人物，例如他的妈妈，然后他要将他妈妈的特征一直保持在瞬间记忆的同时再来把陌生人的特征与之进行比较。这个比较的过程是非常累人的，且打破了他所处的平静状态，所以他开始产生恐惧感甚至哭起来。

对于和妈妈的短暂分离也是出于类似的原因。当妈妈离开小宝宝时，小宝宝把和妈妈在一起的熟悉的环境与现在没有妈妈在身边的、只身独处的陌生环境相比较。安全感消失了，好像见到陌生人一样，恐惧感油然而生。小宝宝的面部表情灰暗，继而哭泣。

在大脑中的工作记忆得到发展的时候，婴儿的神经系统也正经历着一个重要的变化。在出生后的6~12个月，杏仁体和脑皮层之间正形成一个强壮的连接，这部分结构会在出现危机的时刻发挥它的作用。脑皮质现在能够提供更多的信息了，比如："小心点，我从来没见过这个人，"或是"我的妈妈要离开我了。"杏仁体和脑皮层不仅增强相互之间的连接，同时杏仁体也促使脑皮层更加活跃，从而使整个神经系统进一步敏感起来。

通过研究婴儿和母亲分开时所展示出来的个性化表现，我们可以看出脑皮层对此的介入。当妈妈们离开她们10个月大的婴儿所在的房间时，有些小宝宝几乎是立即开始哭泣，而另外一些宝宝是等了一会儿才开始表现出自己的不满的。研究人员把这两组婴儿的反应和哈佛婴幼儿研究小组对4个月大的宝宝做的过度反应和低调反应进行了比较。非常有意思的是，这两组婴儿的大脑中的电子活动早在他们的妈妈离开房间之前就已经呈现出了不同。理查德·戴维森、内森·福克斯、玛莎·安·贝尔和南希·琼斯等做脑电图研究的人员发现，那些右额叶活跃的婴儿是立即哭泣的，但左额叶有活跃迹象的婴儿会选择在哭泣之前先等上一会儿。

研究人员还观察到，10个月大的婴儿脑电图反应的不同还决定于是谁接近了他们，是陌生人还是妈妈。当陌生人出现时，右额叶会展示出非常活跃的迹象，当妈妈出现时，类似的活跃反应则出现在左侧。

婴儿是否会产生恐惧感并不一定是要与这件事本身相关，而是要看他对当时的情景是否具有应付的能力。如果一个陌生人冲上前来，一把抢过小宝宝抱住而不是给小宝宝一个时间和机会来看清他的话，那么我们真的不能责备小宝宝因此而哭闹。研究结果还表明，婴儿如果主动走进一个陌生的房间或是主动接触陌生人，那么他由此而产生的恐惧感也会减小。另外一项研究也显示了一个让一岁宝宝通常感到非常可怕的玩具，在他们了解了如何操作它之后就转变成一个非常有乐趣的东西。比如有一些小宝宝自己动手帮助一只玩具猴敲打它身边的乐器，而另外一组宝宝则只是看到玩具猴是如何在上了发条之后自己敲打乐器的。那些可以控制玩具猴行动的宝宝们显得一点都不害怕，他们甚至还可以看着玩具猴的滑稽模样而嘻嘻地笑。

挑战与紧张情绪

从一出生开始，在小宝宝全新明媚的生活世界里偶尔也会飘来一丝阴云。首先是饥饿和打预防针时不可避免的疼痛，以及潮湿的尿布所带来的不舒适感。随着小宝宝一天天长大，潜在的让他们感到不舒服的事情会越来越多。这其中不仅仅是身体上的不适，还包括了对即将发生的事情的担忧，比如：当妈妈离开房间时或者一个陌生人出现在面前的时候。

如何面对这些挑战是他们学会适应和应付新生活的一部分。我们在第三章中曾经提到过，婴儿面对不熟悉的环境和事物时的敏感程度是因人而异的。尽管如此，他们生理和认同能力的发育加上每天日常生活的经历都会影响到他们对待新生事物的态度。

梅根·古那和她在明尼苏达州的同事们，观察了婴儿在做常规检查时对可能会给他们带来一丝不安的项目的反应。当小宝宝们来到儿科诊所做定期检查时，大夫通常会脱下他们的衣服然后将他们放到体重秤上。这是一个没有任何危险性的动作，但是其中一个宝宝却表现出不乐意合作。研究人员看到这一情况后开始测量这个宝宝此时此刻唾液中皮质醇的含量并发现：当婴儿面对让他感到不适的情形时，丘脑命令他的肾上腺增加皮质醇的数量，身体会以此为依据来衡量紧张焦虑的程度。

从出生到3个月大，婴儿在做定期检查时唾液中的皮质醇含量从中等到偏高。但是，差不多到3个月的时候，婴儿身体上的反应不再强烈，皮质醇的含量水平也趋于稳定。和在这个年龄段小宝宝哭闹的次数也逐步减少的原因相同，这个时期的大脑皮质已经开始控制了附属于皮质醇的结构。从第三到第十五个月，皮质醇对轻度紧张情绪的反应会逐渐减弱。

在对6个月大的小宝宝们进行观察的时候，研究人员发现了一个非常有趣的现象。小宝宝们的皮质醇对脱衣服称体重的反应已经趋于平和，所以研究人员认为他们对紧张情绪的反应也已经不再像从前那样强烈了。可是尽管如此，小宝宝们的哭闹和强有力的反抗却比先前更厉害了。这大概是因为新的认知能力正在形成吧。婴儿大概正在经历一个"似曾相识"的感觉。他现在可以把在这个房间中得到过的感受和在此发生过的一系列不开心的事件联系在一起：被脱掉衣服、称体重、打预防针、被陌生人包围。同时他还知道了他的反应也会对其他人的行为起到一定的作用，所以他竭尽全力做出更强烈的反抗。

思 考 题

为什么常规检查很重要？

由于新生儿的发育非常之快，定期的常规检查是非常必要的。一个全面的检查应该包括常规测量项目、身体发育状况、感觉和运动器官发育状况、发声情况、饮食与睡眠习性、玩耍及社交行为等。这是一个你与儿科医生交流的好机会，你可以向医生咨询你感兴趣的话题或是困扰你的难题。

与我的小宝宝玩耍时应该注意些什么？

和你的小宝宝玩耍是一个美妙的亲子时刻，同时你也可以观察到你的宝宝能够做什么。自然而然地你可能会把你的宝宝和别人家的宝宝进行比较，或者是听长辈及其他信息来源说，到了什么月龄宝宝应该会做些什么，等等。在我们身处的这个竞争激烈的世界里，每一个人都在被要求做得更好、更快、更有效的时候，对一个婴儿来说，顺其自然，允许他的大脑有充裕的时间来进行自己个性化的发育是至关重要的。小宝宝需要时间来自己发现和吸收他们接收到的各种信息，千万不要强求他们。尽管如此，如果你有什么疑虑也应毫不犹豫、及时地与你的儿科医生进行交流。

仔细观察你的宝宝是怎样发现自己身体的某个部分又是如何将身体运动与他的感觉联系在一起的。简单的翻身动作对你的宝宝来说却是一个重要的练习身体功能的好机会。用一只手去触摸另外一只手也是学习同时运用双手的初始阶段。当他看自己的手的时候，他也正在练习眼睛与手之间的合作。

看看你的宝宝最喜欢什么样的玩具，这些不一定是从商店里买来的具有"教育性"的玩具。有些小宝宝喜欢柔软的长毛玩具，有些则喜欢钥匙链或者是其他厨房用具。婴儿会从所有这些东西中获得信息。他们喜欢听没有听到过的声音，感觉衣物的质地及形状，看鲜艳的色彩。小宝宝们对新的东西最感兴趣，所以最好一次只给他们几个玩具比让他被玩具包围要有意思得多。

探
险

由于一岁的宝宝不仅已经可以保留住记忆，而且同时还会回想起他们曾经感兴趣的东西，所以你不妨尝试着发明一些小游戏来培养你的宝宝的策划能力，让他为了达到某个目的而开动自己的大脑。试着在他喜欢的玩具前设置些他可以移动的障碍物，或者把玩具藏在盒子里。对于要通过努力才能实现的目标，你要鼓励你的宝宝集中精力并且坚持下去，同时你也需要平衡你自己的情绪。你的宝宝也许会自己发明一些好玩的事情，比如：为了拿到桌上的牛奶而把桌布抽下来，掏出你的钱包来看看里面究竟藏些什么，等等。

音乐对我的宝宝的大脑发育有促进作用吗？

我们生产出大量的古典音乐磁带和 CD 盘时，有没有哪一家生产商声明它是"为了促进你的宝宝大脑的发育"。舒缓的音乐对成人和婴儿都能起到放松的作用是不争的事实。有些成年人可能在听音乐的时候感到放松，精力更集中或者更具想象力与创造性。但是，并没有可靠的科学依据证实音乐可以使婴儿的大脑发育得更快。

如果你曾经梦想成为一名歌手的话，现在你的机会来了。对你的宝贝来说无论你轻轻哼哼还是在浴室里高歌，你一定都是他心目中排行榜上的绝对第一。你记不住歌词也没有关系，你甚至可以根据自己的心情顺口瞎编。歌声也是一种交流，形式又很放松，相信你的宝宝一定会喜欢。

我怎样给我的宝宝创造一个安全舒适的环境？

小宝宝需要一个安全的成长环境，不要让他从楼梯上滚下来，小手也别找到什么小东西塞进嘴里或者与导电的物体发生接触。在房间里自由活动可以让他对空间有一定的认识，同时还可以锻炼他的肌肉。但这也并不意味着他需要随时随地自由活动。当他在游戏围栏里集中精力玩他的玩具的时候，让他也随时可以观察到他身边人的活动。这时候你就去看你的电子信箱或是准备晚餐好了。

快到一岁的时候，小宝宝都可以用双手玩，同时也经常练习用手指去捏细小的东西。由于他仍然处于用嘴去认识世界的阶段，一定要将所有危险的东西放在他手够不到的地方。这些东西包括所有他可以整个或用手掰开后放进嘴里的小物件和尖利的东西，以及表面涂料含有毒物质的东西。小心图钉、指甲剪、曲别针和花生米。

我要不要开始教我的孩子阅读？

不久以前我看到英国广播电视公司教育频道播出的一个节目，一位母亲给她6个月大的女儿看一块白板，上面用大写字母写着简单的单词：猫，狗等。这位母亲面对婴儿大声且清晰地读着。过了一段时间，我看到了一本书，书名叫做《教你的小宝宝阅读》。在这本书中作者声称，父母亲应该在小宝宝能够看到大写字母的时候尽快开始教他们阅读。按照这本书中的理论，这种练习可以刺激宝宝的视觉。我想，小宝宝对妈妈的这种努力一定觉得很有趣，但是没有任何确凿的证据证明婴儿需要视觉训练，或者是这种教学方法可以引导孩子将来养成爱读书的好习惯。

5

舒适与交流

婴儿出生在一个被周边人包围的新世界中，他们已经具备了与身边人建立社会关系的能力，最初是和照顾他们起居的人，之后关系延伸到外人。亲密的、充满爱的关系给了他们所需的安全感，而安全感则是他们适应新世界的第一块基石。一般来说，我们所指的婴儿与照顾他的人之间的情感是具有依附性的，如果我们想要知道到底哪一件事情或是哪些事情最能说明这一现象却无从下手。我们至今仍然没有行之有效的办法来衡量这种依附性。

灵长类动物包括人类是通过亲近的身体接触来喂养婴儿的。妈妈们不仅仅是单纯地喂奶，同时还会自然而然地拥抱爱抚自己的宝宝。抱在怀中抚摸婴儿可以与之建立起极为亲密的感情纽带。也就是说当婴儿感到不安或伤心的时候，他们会用目光去寻找照顾和喂养他们的人。也正是这些人能够在他们感到恐惧时给予他们最大限度的安慰。因此，人类的婴儿也会对父亲产生依附感，因为父亲也经常拥抱或爱抚他们。

为了能够和身边的人更好地建立起正常的关系，他们需要一个温暖的、没有太多变化的环境。这种关系不是几天或几个星期之内就能够建立完整的，而是要通过几年的努力才能够发展起来的。这种密不可分的关系在被收养的孩子与其养父母之间也同样可以建立。

如果照顾护理婴儿的人忽略或者没有及时正确地对他们的需要作出反应的话，这些孩子在将来可能会出现学习上的障碍或是很难与其他人交往。一些研究结果显示，婴儿与照顾他们起居的人之间的交流甚至可以影响到他们情绪紧张的程度。有一项观察是这样做的：把一些9个月大的婴儿和他们的母亲分开，让他们和从未谋面的专职看护幼儿的人在一起相处30分钟。如果这些看护人员表现得非常友善、敏感、耐心并且和他们玩,这些小宝宝们的唾液中没有显示出皮质醇的增加。不过,如果看护人员表现得很冷淡、难以接近的话,宝宝唾液中的皮质醇的含量就会上升,尤其是对那些本来就很容易感到不安或焦虑的婴儿,这一现象尤为明显。这些小宝宝需要更加细微的、全面的呵护。

一个孩子如何面对特殊事件,他会作出什么样的反应与很多因素有关系。为什么有的孩子反应强烈于其他孩子,他们本身的脾气秉性是原因之一。不过,在他的成长过程中,第一次是如何处理类似事件的经验似乎更加重要。孩子与他的护理者之间的健康的关系是他安全感的基础,他也可以从中学到应付令他感到不安事件的办法,从而用来平衡他自己的情绪。

没有歌词的歌曲

小宝宝的生活也不完全是由泪水和哭声组成的。他们天生就会"多种语言"并且在他们会发出声音说出第一个词之前的很长一段时间里,他们就具备了参与社交的能力。最初与外界的交流是通过自然的感情、本性的流露。婴儿对爱抚、温暖有力的拥抱都能作出回应。他们喜欢听人的低声细语和催眠曲。他们通过挥动手脚来表示不满和不舒服。当他们的身体系统能够接受和消化视觉所带来的信息时,他们就可以看出带有感情色彩的面部表情了。接近一岁的时候,当他们开始练习迈开自己人生的第一步时,他们也已经为开口说话做好了准备。

如果你看到一位母亲是怎样对她2个月大的宝宝说话的,你就会明白为什么心理学家喜欢用一个音乐方面的专业词汇来描述他们母子了,那就是"二重唱"。妈妈轻柔地说着什么,她的小宝宝则目不转睛地凝视着她,好像要集中浑身的精力来试图听懂她说的每一个字。然后妈妈会停下来一会儿,等待着宝宝回应给她的微笑以及咿咿呀呀的声音。心理学家丹尼尔·斯特恩认为这是一种和谐的、没有语言的交流,一种分享亲密感情的经历。

即使没有使用真正的语言,小宝宝们还是可以通过观看以及附带有感情色彩的面部表情来交流。爱德华·托尼克和杰弗里·柯恩观察了母亲与婴儿是如何同时采用相同的表情的。参与试验的小宝宝最大的9个月,最小的3个月。每一位母亲都面对自己的宝宝坐着,或是对他们微笑或是对他们做出伤心的表情。当妈妈们微笑时,她的宝宝通常也显得很高兴,也做出一个笑脸。当妈妈们皱眉时,她的宝宝也配合着做出消极的表情。这种配合实际上就是一种形式上的对话。

令人感到奇怪的是,研究人员发现最初有三分之二的妈妈和宝宝的表情并不统一。但是过了几分钟后,妈妈和宝宝之间的配合就顺利了。无论是妈妈还是宝宝都会不由自主地作出相应的调整。小宝宝的月龄越大,在面部表情方面的合作能力也越强。能够感觉到表情的内涵并且对另外一个人的面部表情做出回应是与其他人交流的极为重要的第一步。只要婴儿一有机会,他们就可以通过观看、聆听和参与交流,以及通过观察面部表情等方式来了解对方的意图。

别具一格的笑容

尽管微笑在人们的生活中起着非常重要的作用,但是令人惊奇的是它并没有得到应有的重视。伤心或者恐惧往往是研究的课题,而微笑和大笑则不然。如果我们把婴儿的微笑也当成是一种引发关爱的社会行为,那么为什么婴儿一出生时不会微笑?由此我们就进入了另外一个非常有趣的猜测中,那就是从进化论的观点来看,人类都是早产了几个月的。

初生时,婴儿的面部肌肉是有能力做出微笑的。我们甚至经常可以看到婴儿的嘴角向两边咧开,给我们作出一个似乎是露齿的怀旧般的微笑。可惜这只是一种条件反射,并不是带有喜悦成分的表情。

当你的小宝宝3个星期大的时候,你就可以通过轻轻刮他的小脸蛋来逗出他的浅浅的微笑了。一开始,只是他的嘴角在动,不过一个星期以后,只要你冲他点一点头,他也会给你一个含蓄的微笑了。

这样的好事随时都有可能发生啊——那个别具一格的、无可挑剔的、第一个真正的微笑。你的小宝宝会看着你,这次不仅仅是他的嘴唇,连他的眼睛也参与进来。也就是说,现在好戏开演了。他的视觉和听觉都比以前敏锐了,他将积极参与"对话",整张脸都因此而变得生动起来。

捉 迷 藏

无论是对父母还是对婴儿来说,捉迷藏的游戏是全球通用的。它通常是这样进行的:当你的宝宝差不多6个月大时,高高兴兴地坐在他的婴儿椅上,你抬起手并用它们遮住你自己的脸。一小朵阴云会突然掠过他的小脸——瞬间的迟疑——然后当你把手移开露出你的笑脸时,他就会开怀大笑了。很快他就要通过模仿你的动作,也将手遮住自己的脸而情不自禁地参与到这个游戏当中来。

再回头看看关于婴儿的微笑,明尼苏达州州立大学的阿伦·斯洛夫和埃弗里特·沃特兹建议说,微笑不仅仅是简单地表示高兴,这样的解释是不够全面的。微笑与婴儿应付新事物、新环境的能力密切相关联。一个小宝宝有能力分辨出哪一个环节是全新的。他首先会有片刻的迟疑,然后如果他觉得自己可以应付得了,那么精神也就会随之放松。这与他露出胜利者微笑的举动如出一辙,当他能够自己独立完成一件事情,比如不用搀扶独自站了起来或是通过自己的努力够到了心爱的玩具时,表现大都如此。

小宝宝们不仅会微笑,他们还可以大笑。到4个月左右,最能逗弄他发笑的恐怕就是发出一个可笑的"呵呵"的声音并且亲吻或是搔痒他的小肚子。等再过2个月之后,你的手还没有触及他的小肚子,他就已经忍不住要大笑了。他觉得能够参与这个游戏的本身就是一件非常好玩的事情。

到了快一岁的时候,小宝宝们看到好笑的情景都会不由自主地大笑了,比如当妈妈在房间里学企鹅走路的样子。能够分辨出哪些环节是可笑的是婴儿大脑发育向前迈进的证明。小宝宝们不仅仅看到了一个全新的场景,而且还发现它是非同一般的。他会迟疑一下,因为这一切与他预想的不同,但很快他就发现原来那还是自己的妈妈,于是他就会像看笑话般地笑起来。这个游戏与捉迷藏有些类似,当他的妈妈把脸埋在手里,过一会儿又奇迹般地出现一样。他瞬间的迟疑消失之后,取而代之的是重新获得安全感。

察言观色

有时候你可能觉得非常奇怪,为什么你的小宝宝偏偏选择在你手忙脚乱的时候放声大哭。好像小宝宝也有第六感觉,留意到了飘浮在空气中的紧张气氛。事实上你的分析是正确的。他们感觉到了你说话时语调的升高,你在房间里脚步的加快以及你的爱抚不如平时那么温柔。婴儿对生活在身边的成年人的行为表示出来的敏感实际上对他们是起积极作用的,比如影响到他们对待新生事物的态度。以往的研究结果表明,对7~10个月大的婴儿来说,父母亲是怎样对待接近身边的陌生人的,也同时影响他们面对陌生人时的恐惧程度。婴儿通常是模仿的高手,如果父母对陌生人的态度是积极友善的,那么小宝宝对陌生人也没有太多的抵触,甚至可以和父母亲一样对外人表示出友好。在你把心爱的小宝宝交给你家新来的保姆看护之前,首先要对她友好地微笑,对她说话时的语气也要柔和。

小宝宝们快到一岁的时候,他们不仅可以"感觉"到父母行为中的意义,他们甚至可以把从中提取出来的一些信号来当成指导自己行为的指挥棒,也就是说他们以父母的行为为榜样。如果你的小宝宝看到茶几上放着一架照相机的同时又听见你和他说不要动它,那么多数情况下,他在伸手触摸相机之前会先迟疑地看你一眼。他看你时的表情似乎是在询问:"我不这么认为,你觉得呢?"

婴儿的某些行为是个性化的,因人而异的。比如在感到不安的时候是否会用目光寻找父母亲和怎样来理解父母目光里的"暗示"。这些与婴儿的性情、年龄、性别、能够集中精力的能力和对以前处理类似情形时的经验有关。有相关的研究结果表明,婴儿对父亲和母亲的依赖是同等的。"社会行为"对于成千上万的成人与婴儿的日常交流息息相关。从它们当中孩子们找到行为的榜样,学会区分什么样的行为是被鼓励的,什么样的行为则被视为是不妥的。社会行为是孩子常规行为形成的基础。

从声音到话语

当我们和新生儿说话时,我们做出似乎他们能够听懂我们所说的每一个字的样子。我们重复重要的字句并且在上面加重语气,同时伴随赞赏和鼓励性轻声细语的还有我们的微笑:"你真是一个乖宝宝!"当然了,小宝宝是完全不明白一个字的。不过,他慢慢地长大了,很快地就开始理解每个字背后的意思了,这感觉有些类似于我们看用外语演出的歌剧。蕴涵着歌词的曲调传递给我们带有感情色彩的信息。抬高的语调更惹人注目:"醒一醒,该起床了!"一个抑扬顿挫的类似歌剧的语调则比较具有鼓励性:"啊,你真是一个好宝——宝!"温柔坚定的声音则让人感到安慰:"现在到了睡觉的时间了!"短促尖利的字句则表示否定:"不能这样,不行!"

婴儿理解的不仅仅是字面上的意思。他们还可以从中学习领会和建立起自己语言结构的基本能力。特殊的语言专家指导婴儿(区别于一般婴儿的咿呀碎语,他们的这种语言叫做"家长式语言"),可以帮助他们把领会到的支离破碎的母语逐渐连贯起来。通过夸张性的对重要音节的强调和对句子中的某些关键字吐字更清晰,配合着句与句之间较长的停顿,家长式语言比一般的成年人与婴儿说的话更加强调语言功能。

在婴儿出生的时候其大脑中已经记录了一些不同的说话声音,所有这些日后对他们理解语言都具有非常重要的意义。他们可以以此为依据分辨出对某个单词的意思起决定性因素的单音。有些微小的字母变化就能够导致整个单词意义上的变化,这些字母叫做音素,比如英语 big 中的 b 和 pig 中的 p。

在婴儿满 6 个月之前,他们还具备区分外语中不同的发音变化的能力。这样的经历渐渐形成了他们对语音接受的一个范围,开始排斥外来语音。到了一岁的时候,他们对母语的语音比对其他语言更为敏感。比如说,4 个月大的日本孩子有能力区分出 l 和 r，但逐渐地他们失去了这种能力，因为他们所生活的环境中没有 r 这个音素的存在。但是这并不意味他们不能学会这个音素，只要正确引导，排斥音素的现象会推迟发生。

咿呀学语

从出生的那一刻起，婴儿就用各种各样的方式告诉我们他们是可以发出声音的。尽管如此他们还是需要时间来逐步掌握运用这一重要工具的技巧。一开始，父母亲大概可以区别出由于疼痛而引起的尖利的哭声和由饥饿而引起的持续不断的哭声。随着时间的推移，小宝宝可能只是因为想要吸引大人的注意力而哭泣。他感觉到孤独、烦躁或者只是想要一个玩具来解解闷。如果说小宝宝什么都不懂只知道哭，那就太不公平了。即使是新生儿也会因为情绪上的干扰而发出一些烦躁的声音，也会因为感到满足而发出温柔的哼哼声。

在婴儿 3~4 个月大的时候，他们开始发出一些像小鸽子一样的咕咕声，一些"哦哦"、"啊啊"的声音，他们发出的大多是辅音。这段时间，他的喉咙下降到了成年人的位置，并且他也具备了更好地控制呼吸和运用舌头以及嘴部肌肉的能力。小宝宝们在周围没有人的情况下也照常发出他们的"咕咕"声。也许他们是在用声音做游戏，在某种意义上来说，他们并不孤独，他们甚至非常喜欢听自己发出来的声音。

"咿咿呀呀"是小宝宝的又一种交流方式。当你回应他的"咕咕"声时，他会嘟起或是咧开小嘴试图来模仿你的声音。然后他就会主动用咕咕声来开始你们之间的"交谈"。你们两个很快就可以轮流"说话"，互相倾诉了。

"咿咿呀呀"的声音就像音乐一样悦耳。当小宝宝们能够发出这样的"咕咕"声时，也正是他们的右半脑和具有语言功能的左半脑中的某些部分发育最为重要的阶段。神经元慷慨地释放出大量的神经细胞树状突，这些树状突不断增长又和其他树状突结合起来。我们知道右半脑负责形成那些带有感情色彩及富有韵律感的词汇，而左半脑则是控制发音是否清晰以及掌握词汇量的中心。对大多数人来说，语言功能是集中在左半脑的，运用起来也非常方便。至少对于 96% 用右手写字的人都是这样的。对于 70% 用左手写字的人来说也是如此，而另外 30% 的人，他们的语言功能中心或者是可能位于右半脑或者是分布在左右两个半脑。

理查德·戴维森和肯尼斯·胡格达尔指出大脑的功能作用于外部特征中的特定部位，比如听和看，在大脑内部呈对称型分布于两个半脑。而其他功能如语言、感情和解决问题的能力等，在大脑的两个半球则没有明显的对称型分布。取而代之的是在大脑的两个半脑中各有侧重的分布。这些具有特殊功能的单元在大脑中的自由移动可以使大脑的反应更敏捷。

　　婴儿最初级的语言是全球通用的，无论他们是出生在美国、瑞士、巴西还是印度尼西亚。正是因为如此一些科学家才猜测到，可能小宝宝们发出的声音和我们的祖先发现他们相互之间可以用嘴巴进行交流时所采用的原始语言相似。婴儿最一开始发出的声音都是从喉咙里出来的，同时还会动一动舌头，嘴巴一张一合的，发出的声音也好像是"妈——妈，爸——爸"。接下来的发声是需要有舌头帮忙的，如："大——大"。像"狗——狗，口——口"则需要运用嘴巴后部的肌肉，自然要一段时间以后才能发出来。

　　欧洲和美国的大多数父母亲在婴儿一出生时就开始和他们说话了，有的甚至开始得更早，好像他们能够听懂自己所说的每一个字一样。当然了，实际上他们什么也不明白。不过，很快他们就开始从中挑出一些单字。约翰·霍普金斯医院最近的研究结果足以使初为人父母的家长们欢欣鼓舞。婴儿第一个所能说出且有所指的单词就是"妈妈"和"爸爸"。一些6个月大的婴儿坐在父母的膝盖上，面对两台电视机，其中一台播放有妈妈头像的画面而另外一台上面是爸爸的头像。当一个中性的声音说"妈妈"或者"爸爸"时，婴儿会长时间地凝视相应的头像。2个月之后，婴儿就可以以同样的方法辨别出其他物体。再过2个月，他们就会清晰且准确地叫出"爸爸"，"妈妈"。

从"咿咿呀呀"到第一个单字

　　为什么小宝宝们在能够说出第一个字之前就已经明白很多字的意思了？这实际上是因为发出一个音，即使是模仿也是一个复杂的过程。婴儿不仅需要识别出一个字的发音，还要把声音和意思对号入座才行。当他们重复地听一个词汇时，他们把单个的音节分类归纳。这样的分类在大脑中也有体现，神经元相互连接形成一张"地图"。在运用的时候，这些地图会随时适应变化，使小宝宝的模仿能力也随之增强。

　　在小宝宝4~7个月之间，大脑中的发育变化对他们的语言能力起着至关重要的影响。听觉皮层，大脑中负责接管所听到的信息的部分与他嘴部及周边也就是他最初的运动皮质之间的联系更为紧密且高效。这些新的连接提高了他听力的同时，也让他能够更好地模仿出所听到的声音。

　　在6~10个月之间，不论是出生在什么地方的小宝宝都会在他们叽叽咕咕的咿呀学语声中加入自己特有的音节，使它们听起来更像是一首怀旧的老歌了。这些哼哼叽叽的小调和他们听到的声音没有什么关系,因为即使是一个患有先天性耳聋的婴儿在他们 6 个月大时也可以这样发出声音,不过耳聋的宝宝到了 9 个月就不再出声了,这说明听力在咿呀学语到说出第一个字之间的日子里是必不可少的要素。婴儿咿咿呀呀的语气就像是真正的成年人在交谈。任何地方出生的孩子最初发出来的声音都是类似"妈——妈","爸——爸",之后他们语言的发展就逐步倾向于母语了。

婴儿在发出母语的声音时通常是要有控制地运用嘴唇和喉咙的肌肉的。无论是肌肉本身还是在大脑中控制肌肉的部分都需要时间来发育。这两者之间的合作是需要在大脑中事先"编好程序"的。完成"编程"这一特殊任务的是位于婴儿左半脑的布罗卡区域。这一区域是以皮艾尔·保罗·布罗卡的名字命名的,这位人类学家和外科医生是世界上第一位发现语言障碍和脑皮层中这一特殊部分发育异常之间的关系的。作为语言功能的"老板"布罗卡区下命令给运动皮质,让它指挥某些肌肉来完成发出预想的声音这一动作。比如:ba-ba-gi-go。在婴儿开始咿呀学语时,他们位于布罗卡区的神经元也迅速发展,现在轮到这个部分的神经元树状突迅猛地增长,不断建立新的连接了。

到了婴儿快一岁的时候,他们就开始积极地运用自己的交流技巧了。他们的眼睛凝视着某个方向的同时嘴里还会叽叽咕咕地说着什么,当你集中精力试图听清他们到底在说些什么的时候,他们突然就说出了第一个字!有些宝宝在一岁以前就可以说出具有神奇效应的"妈妈"或"大大",另外一些宝宝则让心急的父母再等上几个月。

婴儿处在一个语言环境中是不需要任何附加的特殊刺激就可以学会说话的。不过身边的社会环境对他们产生着深远的影响。现在回头再看 1831 年的一本关于儿童成长的著作中的话可能有些可笑:"德国人的稳重和法国人的灵活在不同程度上影响着这两个国家婴儿的成长。德国人总是让婴儿处在一种平静的休息状态中而法国人却总是在没完没了地,翻来覆去地在婴儿面前变换花样。"

巴里·休利特和米歇尔·拉姆在最近的一项研究中指出了中非相邻的两个部落的母亲对婴儿采取的不同态度下所产生出的不同结果。研究人员发现,阿卡部落的母亲比甘度部落的母亲更频繁地将婴儿抱在身上,而甘度部落的母亲把婴儿独自留在家中的时间也更长。阿卡部落的婴儿一般来说哭闹的次数就比较少。但是甘度部落的母亲更愿意和婴儿说话,因此她们的宝宝比阿卡部落的宝宝更爱微笑,发出的声音也更多。

在一年这短暂的时间里,婴儿不仅自身发育迅速,同时和身边的人及社会的融合过程也是非常快的。在毫无意识的情况下，他们已经学会了怎样用自己的行为去影响他人。是友善的微笑还是大声的哭泣更能引起别人的注意？他们在日常生活中学会了怎样理解表情中的内容以及如何运用它来指导自己的行为。妈妈严肃的表情意味着"不行"，而她的笑容意味着"去吧"。婴儿逐渐熟悉着与人交流的重要工具——手势、面部表情和语言。

思　考　题

我是否有必要教我的宝宝手语？

最近在一些流行的杂志上有文章说，在婴儿学会说话前教他们手语有助于提高他们的交流能力，可以减少他们的恐惧感和烦躁情绪。但是这样的学说还缺乏真正的科学依据。与此相反，成年人如果多花一些时间去关注婴儿已经具有的能力会显得更适宜。小宝宝通过观察成年人来学习运用表情。他们会缓和语调并且运用肢体语言，比如：转过头，轻轻甩下不想要的东西，用手指出一个想要的玩具，等等。婴儿是通过模仿来学习的，所以成年人应该给孩子一个清晰的信号让他们学会理解其中的意义。在说可以还是不可以时语气要坚定同时还要配合相应的面部表情。

当宝宝产生恐惧感时，我应该怎样安慰他？

你不必要总是欢快地吹着口哨，但在宝宝感到恐惧时，你要试着用镇定自信的态度来影响他。放低语调，不要让其他陌生的东西或人意外地出现在宝宝面前。如果他害怕一个玩具小丑的话，把那个玩具放在一个他自己可以找到的地方。由于神经系统发育的不同，有些孩子会比其他孩子显得胆子小。因此，他们可能需要更多的时间去熟悉一个新的保姆。

对于婴儿在诊所的常规检查中所表现出来的短暂的恐惧，你大可不必上心。偶尔的、瞬间即逝的紧张和恐惧情绪对婴儿的发育没有任何负面影响。温柔的话语和坚定的拥抱就是对付恐惧的最佳良药。

我是否该在他睡觉的时候保留灯光？

你也许听说过一些孩子在父母和他们道过晚安，关掉灯离开房间之后开始哭泣。这其实并没有什么好奇怪的。小宝宝现在知道了，在灯熄了之后，他会被一个人留在自己的房间里，他不喜欢一个人呆在黑暗中的心情也是可以理解的。在这个模式形成之前,你完全可以建立起一套新的常规。先关掉灯,唱一首儿歌或是安静地和他在黑暗中玩一会儿,然后再静悄悄地离开房间。关掉灯并不意味着一切的结束,让他知道在黑暗中也有乐趣。这是一个比较行之有效的办法。

我是否该担心托儿所的看护方式?

在 1975~1997 年之间,六岁以下儿童的母亲出外至少工作半天的人数由 30% 增长到 62%。大多数的母亲在小宝宝 3~5 个月之间返回了工作岗位。这就意味着很多 7 岁以下的孩子是在托儿所或幼儿园度过白天的。正因为如此,美国国家儿童健康和人类发展研究院目前正在做一项长期的关于儿童在家以外的地方成长对他们的未来是否有影响的研究。该研究院选择了生活在美国不同地区的 1300 名儿童,跟踪了他们人生最初七年的生活。目前他们刚刚公布了第一期的观察结果。

毫无疑问,高质量的婴幼儿集体保育使这些孩子出现怪异行为的可能性减小,同时他们的认同能力较强,语言能力提高较快以及在校阅读水平较高。低质量的集体保育容易使孩子有问题行为,认同及语言能力较差,在校学习成绩也不是十分理想。不过无论是在家养育还是在外面与其他孩子一起成长,孩子对父母的依附感是相同的。

有一项结果特别值得人深思。研究人员发现在通常情况下,"家庭成员的性格以及母亲和孩子之间关系的质量对儿童的身心发育发展比其他任何因素,包括孩子在幼儿园所受到的影响更加深远。"在这一点上无论是对于在家与母亲一起度过最初的几年还是在幼儿园里度过童年的孩子,都是一个不争的事实。因此家庭生活对一个孩子的身心发展的作用没有其他任何人或机构可以替代。

发育进程

大脑内部图：神经系统及周边

观察你的神经系统及其周边就如同你在一座新的城市漫游。最好的办法就是先在地图上找到一条有特色的主要街道,然后再进入主路分出来的小街巷,顺着它们就可以找到你想要找的某个建筑了。如果我们从人体的增长来看的话,神经系统主要由两大结构组成,一个是中枢神经系统,另外一个是外周神经系统。我们可以把中枢神经称为"活动中心",它是由大脑、脑干和脊柱神经组成。除此之外的神经之间的连接归属于外周神经系统。我们先来看一下中枢神经系统,但是不要忘记,整个神经系统是相互缠绕交织在一起的。

大脑最主要的特色就是它是由两个半球组成的,这个明显的现象在受孕四个月的时候就可以观察到。尽管两个半球拥有很多可以共同分享的功能,但它们又各司其职。它们一起运作,但每个半球又有着自己具有特殊功能的管辖区。

大脑皮质

大脑的最外层被称做脑皮质。它虽然只有几毫米厚,但是它的表面面积很大,褶皱起来可以正好包住头盖骨。大脑的这部分结构是人类进化过程中所特有的。

大脑皮质也被分成多个不同的区域,不过这些区域之间没有明显的界限或是"一堵墙"将它们隔开。后部有一个专门为视觉提供服务的特殊区域,一侧是为听觉准备的,脑皮质中间部位的宽条就是运动皮质,它的主要功能是管理肌肉的自由运动。与运动皮质相邻的是负责身体感觉的区域。所有这些特殊区域的下边又分出了很多初级或者高级的命令区。初级命令区接受信号,并且把这些信号传递到高级命令区,信号在这里经过破译之后再继续转到运动区域,下一步行动的命令就从这里发出。有些功能是被交叉控制的,比如右侧运动皮质专管左半身的运动,而左侧运动皮质则是把命令发向右半身。感觉器官所接受的命令中也有不少类似的交叉传令。

大脑皮质有一个特殊区域是专门掌管语言及说话功能的。对于绝大多数人来说,这个区域分布在左半脑。韦尼克区是负责领会语言的专区,而布罗卡区则涉及理解语言并且肩负着将命令传递给肌肉,从而使语言顺畅说出来的使命。

对于前额叶的脑皮质来说,它的一项重要职责就是把已经储存起来的记忆与眼前的情景进行比较。另外一项重任就是制订行动计划,并且将实施计划中的每一个步骤进行评估。前额叶中的一个特殊部分称作前眶脑皮质,这个部分与大脑中的感情中心紧密相连,影响着我们对每一件事情的看法和感情。这样的连接为我们建立起感情、感觉以及行为这三者之间的关系奠定了极为重要的基础。

美好生活的开始

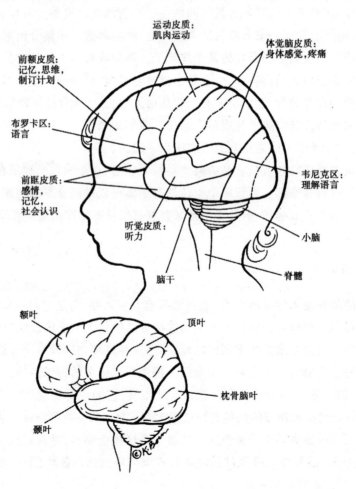

如同我们有专业术语来描绘处在一艘船上的某个位置一样，比如：左舷和右舷，在大脑中我们也同样对各个区域有特殊的称谓。额骨指的是前额，枕骨是头的后部，太阳穴是位于两侧鬓角后边的地方，顶骨则是位于这三者之间的部分。

大脑皮质的下面

大脑皮质组织下面的结构被称做下皮质组织。海马区的名字来源于它的形状与海马相似，它的主要功能就是为将被永久储存起来的信息提供一个临时落脚的地方。这些从初级或者高级感觉脑皮质进来的信息被传送到海马及其附近的区域，在这里短暂停留几个星期之后再被继续传送到大脑皮质的特殊部位。其实海马区并不仅仅是一个临时的储藏室，同时它还是帮助信息在大脑其他地方储存的一个促进者。

基底神经节将特殊的肌肉运动程序有选择性的时开时关，这样做对于已经掌握的动作的运用及适应新姿势的变化是非常必要的。由于基底神经节与大脑皮质有着广泛的连接，它们对一些高难动作的完成也起着相当重要的作用，比如为在钢琴上演奏曲子所要完成的必要动作。作为联合脑皮层与脑边缘系统之间的联系，基底神经节的功能更进一步涉及思维与感情方面。

对于小脑功能的研究长期以来一直都处于"光彩照人"的大脑皮质功能的阴影之下。不过，这样的忽略目前要被纠正了。小脑与大脑半球的双向连接是非常强健紧密的。相关的旁叶皮质的投影图与处在同一区域的小脑的投影图非常匹配，这意味着小脑不仅参与了运动功能，而且它与认同能力、语言及感情方面的功能都有关系。来自于医学的观察结果也验证了这一趋势。

丘脑可以说是脑皮质与下皮质之间的中转站。对于来自感觉器官的信息来说，丘脑同时还是它们进入大脑的门槛。脑干对于身体的重要功能比如说呼吸和血液循环起着独一无二的作用。作为脑干中的一部分，网状组织具有特殊的警告功能。丘脑下部负责日夜循环的工作，并且它与脑垂体合作控制激素的产量。再加上具有自主功能的神经系统，它们三者完全掌握着我们身体内部器官的运作。因此无论是我们在面对紧张的情绪时还是受到了细菌的侵扰，都要依靠它们的帮助。

呈杏仁形状的扁桃体属于古老系统，即脑边缘系统的一部分，它是早期进化留下的特征之一。脑边缘系统对于我们的逃生本能起着很重要的作用，因为一旦我们遇到危险的信号，它会立即让身体处于戒备状态。当我们置身于高度紧张的

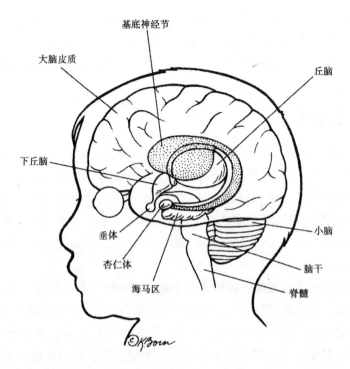

基底神经节

大脑皮质

丘脑

下丘脑

垂体

杏仁体

海马区

小脑

脑干

脊髓

©KBorn

警惕状态下,它可以帮助我们的身体增加耐久力以及加快反应能力。对于人类来说,扁桃体也影响着我们对某个事件的感情投入。在进化过程当中,人类的脑皮质得到了无限的发育,与脑边缘系统的连接也更加紧密。这就意味着脑皮质可以贡献出更多的信息来供大脑分析眼前的情景,以及帮助大脑更任意地寻找解决问题的方案。

神经细胞建立起来的连接

神经细胞,也就是神经元是神经系统的基体。我们可以把成熟的神经元看成一棵大树,它有着长长的挺拔的树干,也就是轴索以及从树顶分出来的巨大树枝,即树状突。有时我们也运用神经这个词来指轴索。轴索发出搏动,树状突接受这些搏动。有的轴索很短,只有0.1毫米,而有些则长达2米。

神经元之间的联系是靠它们发出的电子搏动通过轴索从一个神经元传到另外一个神经元的。这些传导的交叉点就是突触。在有些突触的位置上,电子搏动是直接传到下一个神经元的。但在有些突触点神经细胞传递所经过的轴索末端与接受它们的树状突之间存在一道间隙。想要越过这个"裂口",神经搏动就需要借助

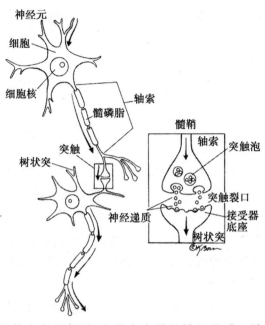

神经元
细胞
细胞核
髓磷脂
轴索
突触
树状突
髓鞘
轴索
突触泡
突触裂口
接受器底座
神经递质
树状突

一个具有化学性质的信息者的帮助,它的名字就是神经递质。神经细胞将这些神经递质发送到缝隙里,然后由接受它们的树状突上的神经元将它们捡起来,再将它们重新转换成电子搏动。

神经递质在不同的方面影响着神经细胞的行为。每一种递质都有自己特属的港湾,或者叫做感受器。每一个神经递质可同时拥有不同性质的附属感受器,因此它可以给复杂的行为提供大量的电磁光谱。

如果你认为你的电子信箱里的人名录很长的话,那么和每一个神经元的接触名录进行比较吧。在你的大脑里,一个神经元可以与其他两万个神经元发生联系。这意味着无数的突触在我们的大脑里构成了宇宙间最为复杂的结构。正是因为神经元之间的广泛联系才使得大量的信息在大脑中的网络里得到了分布。如果把一个成年人在大脑中的连接给拉直的话,它的长度可以绕赤道好几圈。在大脑内部图中,我们看到了神经元之间的联系,其实神经细胞也同其他结构相连接,比如肌肉和腺体。

连接神经元的轴索被髓磷脂包围,使它们一个一个独立着,相互之间不受干扰从而使电子搏动能够更加顺畅高效地流过。2000年的一些研究结果证实了,髓鞘形成的方式只有一个,那就是当电子搏动穿流轴索的时候。所以说大脑的行动刺激了髓鞘的形成。这是一个互利互惠的过程:越来越多的大脑活动促进了髓磷脂的增加,越来越多的髓磷脂又导致了大脑活动的增多。尽管髓磷脂很重要,但有些电流的穿过并没有通过髓磷脂,有些连接,比如轴索与身体内部器官的连接从来都没有髓磷脂的参与。

从感知到行为

我们选择了一个 6 岁男孩和他的自行车来展示大脑是怎样将信息串联起来,制订行动计划并且实施它们的。先来看一看这个男孩看到他的自行车靠在车库门口墙边时的情景吧。他的视觉脑皮质将视网膜从不同渠道获得的信息进行分析:颜色、形状、深度及运动状态。所有这些接受颜色及形状信息的路线,它们的终点站都是颞脑皮质。这个系统对于物体的外部线条及其内部的细节都非常敏感。由于这个系统能够辨认出事物的特征,所以我们也称它为"何物"通道。一个整体画面是由不同的零碎部分构成的:色彩、车轮的形状、车座、扶把等,所有这些组合到一起,男孩的大脑里就出现了自行车的图像。

视觉系统中的另外一条通道是确定自行车方位的。"何处"通道在判定物体之间的空间距离的同时还可以判定某个物体在其空间范围内的活动情况。来自于这条路线的信息汇总到顶部脑皮质。顶部脑皮质将从视觉脑皮质获得的信号转译用

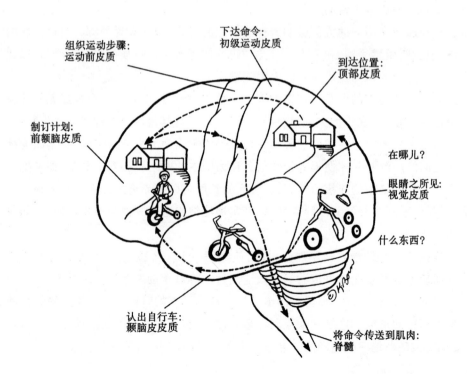

组织运动步骤:
运动前皮质

下达命令:
初级运动皮质

到达位置:
顶部皮质

制订计划:
前额脑皮质

在哪儿?

眼睛之所见:
视觉皮质

什么东西?

认出自行车:
颞脑皮皮质

将命令传送到肌肉:
脊髓

来确定自行车在男孩家门口的位置，之后，"何处"与"何物"通道在额前区脑皮质会合。

前额脑皮质综合了来自于不同渠道的信息并且将它们与以前曾经获得过的信息进行比较。于是我们的小自行车手就认出了自己的自行车，那是他在生日时得到的礼物。这辆车有着红色的车身，黑色的轮胎，车把上还有一个很特别的小铃铛。他现在可以回忆起蹬起脚踏板，顺着柏油公路骑车的愉快感觉了。于是他决定带上头盔，手抓住车把，坐在车座上，然后用双脚垂直于地面保持平衡。他的前额脑皮层现在给运动前皮质发出信号让它为后面的行动做好必要的准备。从那里，信号进入到初级运动皮质，之后信号才传达到脊柱神经的神经元。神经元再将这些命令输送给肌肉，现在可以开始行动了。他有节奏地踩着脚踏，车轮在地面上滚动起来。他的内耳前庭系统保持他的平衡，他的小脑在不断地调整肌肉的运动，就这样他顺利地上路了。男孩大脑中的最主要的三个功能都在运作：收集信息、分析信息以及作出反应。在我们还停留在思考这一过程的时候，这个男孩已经高高兴兴地从我们的视线中消失了。

人生前6年的发育阶段表：下列各图表展示了孩子发育的大致进程和儿童因人而异的时间表。阶段性从左侧开始代表了25%以上那个年龄段孩子的行为。右侧末端则代表了那个年龄段95%的儿童已经达到了这一标准。图表来源于弗兰克博格(1992)丹佛II：丹佛发育筛选测试重新标准化及修订版，儿科89:91-97，乐文，凯瑞和克来克(1999)：儿童发育行为，第三版，费城：桑德斯。

美好生活的开始

0～6岁身体发育进程表(粗略动作)

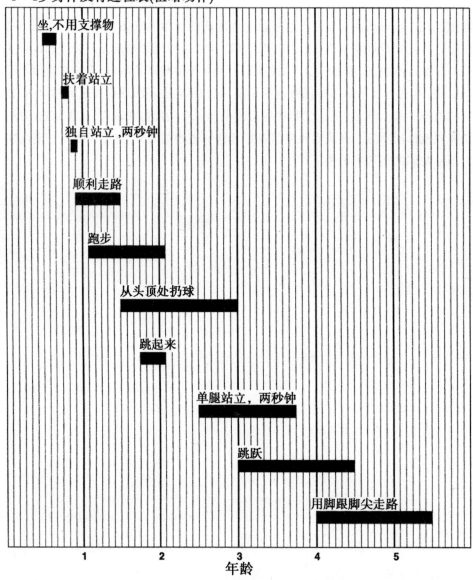

坐,不用支撑物

扶着站立

独自站立,两秒钟

顺利走路

跑步

从头顶处扔球

跳起来

单腿站立,两秒钟

跳跃

用脚跟脚尖走路

1　2　3　4　5

年龄

0～6岁身体发育进程表（精细动作）

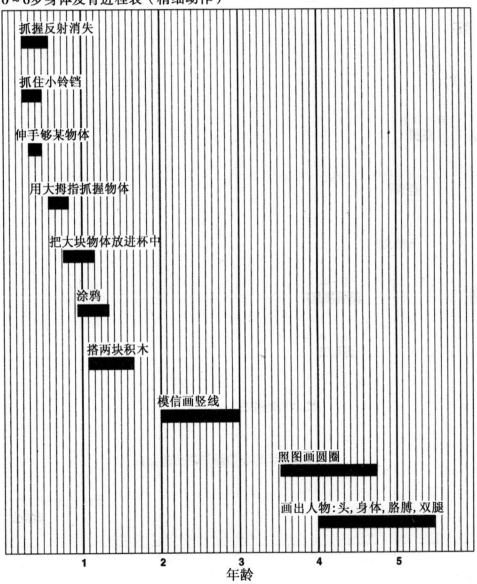

抓握反射消失

抓住小铃铛

伸手够某物体

用大拇指抓握物体

把大块物体放进杯中

涂鸦

搭两块积木

模信画竖线

照图画圆圈

画出人物：头,身体,胳膊,双腿

年龄

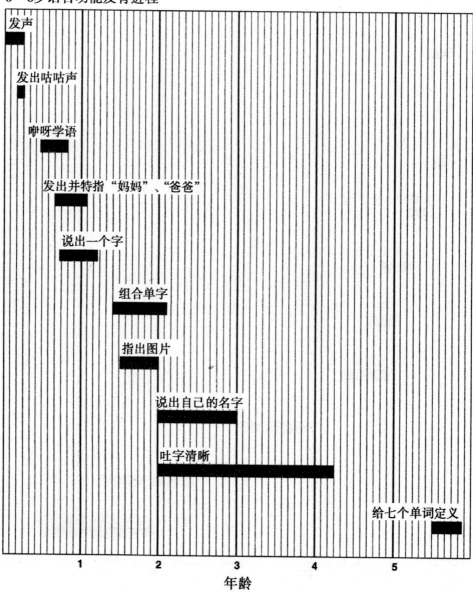

0～6岁语言功能发育进程

发声

发出咕咕声

咿呀学语

发出并特指"妈妈"、"爸爸"

说出一个字

组合单字

指出图片

说出自己的名字

吐字清晰

给七个单词定义

年龄

0～6岁玩耍及日常生活身体发育过程

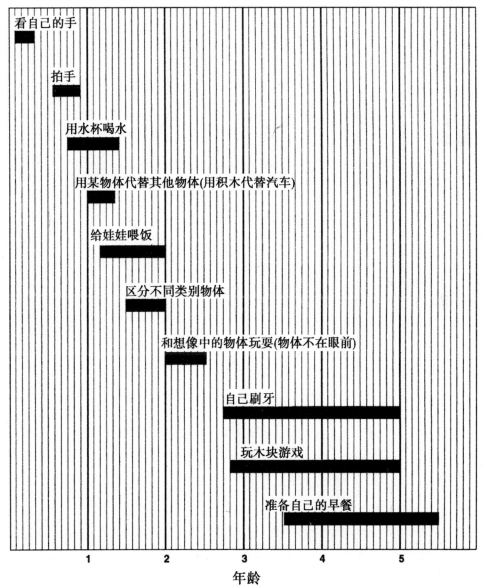

看自己的手

拍手

用水杯喝水

用某物体代替其他物体(用积木代替汽车)

给娃娃喂饭

区分不同类别物体

和想像中的物体玩耍(物体不在眼前)

自己刷牙

玩木块游戏

准备自己的早餐

年龄

第三篇

两　岁

两岁的艾米丽

眼前的活动室跟一年前相比大不一样了。满地爬的婴儿，如今已变成了能迈着小碎步，东倒西歪满屋犄角旮旯都能去的小家伙了。尽管他们一般都各玩各的，但他们已经逐渐意识到周围的小伙伴了，并开始发现了使用语言的必要性。

只要门铃一响，艾米丽就会急不可耐地朝门的方向跑去，为的是欢迎索尼亚和她妈妈。当索尼亚递给她一个绑着红丝带的大盒子的时候，艾米丽的眼神为之一亮。马修和斯蒂文跟在索尼亚的后边，不一会儿房间里就到处是孩子们急促的脚步和"咿呀"声了。

安娜紧紧抓着妈妈的一侧，一双清澈的蓝眼睛环视着四周。她把手从嘴里抽出来就哭起来了。她妈妈问："我陪你在这儿可以吗？"黛博拉示意可以。其他几个妈妈也都会留下来。

不一会儿，孩子们就在地板上高兴地玩儿起来了。马修正在将一个蓝色大积木推来推去，嘴里还发出摩托车的声音。索尼亚吹着口哨，而斯蒂文却对天花板上挂着的五颜六色的气球兴奋不已。正当安娜从犄角里捡起玩具熊的时候，汤米从她们身后经过，还把她扒拉开。她摔了个屁墩儿就哭起来了。"汤米，这样不对"。汤米的妈妈怪罪儿子了，可汤米还尖叫着冲着安娜摩拳擦掌。黛博拉希望妈妈带她回家。

吃蛋糕和冰激凌的时间到了。艾米丽吹灭了两岁的生日蜡烛，并帮着妈妈把切好的蛋糕递给屋里的人。孩子们专心致志地用勺子吃着冰激凌，还喝着饮料。没多久，第一个吃完的孩子就挪动到旁边的游戏室去了。

黛博拉没听到门铃声，第一位妈妈就来接孩子回家了。汤米和妈妈早就想走了。黛博拉用海绵把艾米丽脸上黏黏的糖霜擦掉，并开始擦桌子。另一位妈妈帮着整理房间并把盘子拿回厨房。那么我们就来借机回顾一下孩子从一岁到两岁所迈出的这"一大步"。

6

发 现

幼儿世界由里到外都飞速地发展着。能够到处乱走和抓拿用具促进了他们发现一切的可能性。语言能力的发育也增进了交流。内部方面,他正在获得一种自我意识、不断增长的记忆能力和新思维,如判断力。同时,他开始领悟他人的情感和意图。我们第一年中所看到的小探索家,如今开始要摸摸水。我们在追踪幼儿大脑的发育的同时,也就是在学习如何培训满屋两岁充满活力的孩子们。

走动和参与

在艾米丽一岁的生日聚会上,尽管有几个孩子可以站起来或是试着走那么一两步,但多数的小客人还只能在地板上爬来爬去呢。如今他们都会走了。两岁的马修自己开门和上下楼,一只脚迈上去,另一只小脚跟了上来,一只小手扶着墙。斯蒂文已经可以踮着脚抓气球的线了。

肌肉发育使得孩子们能够四处行走,这时大脑中枢也开始起作用了。即使在幼儿阶段,从大脑到手指的动作也是需要很长时间才能实现。信号是脊髓中的运动神经元的轴突传导而来的,这些轴突现在被髓磷脂的绝缘层包围着。髓磷脂能够消除旁边轴突的干扰,阻止"短路"的出现。这样有利于信号从运动神经元更加快速高效地传达给腿部肌肉。脊髓运动神经元效率的提高同时使括约肌和膀胱肌的自控成为可能,这样幼儿就学着上厕所了。女孩的髓鞘形成比男孩早,这也进一步验证了为什么女孩比男孩早一些学会上厕所的原因。

小脑对运动的作用同样十分重要,它从运动神经元和脊髓接受信息,内外能否达到统一呢?当小脑觉察到与原计划有偏离,它就会提醒运动神经元作适当调整。在一两岁之间，神经纤维、小脑和运动神经元有利地促进了髓鞘的形成，并有效地增进了他们彼此的和谐统一。

抓 拿 勺 子

一年前艾米丽还只能在蛋糕和冰激凌里挖来挖去，吃到嘴里的不多。现在她完全可以自己吃了。学会用勺子吃饭是孩子掌握其西方文化技能十分重要的步骤。

在阿默斯特的马萨诸塞大学的迈克尔·麦卡锡和他的同事们就婴儿学习如何把握这个随手用的器件进行了研究。研究者们在孩子们面前的小架子上按正确方向放了一个勺子，甚至9个月大的婴儿都能抓对勺把那端。但是，如果勺子换个方向摆，他们就会握住勺子，把勺把往嘴里放。14个月大的孩子一般不会将勺把往嘴里放，但他们常会一开始拿不准位置，随后或是变换手拿勺的位置，或是中途换个手拿勺把食物送到嘴里。到19个月时，孩子们就不会那样莽撞，用最合适的手抓勺子。不同的是，他们用靠近勺把的那只手拿勺子，为的是抓牢勺子。

用正确的姿势握住勺子是个不小的成绩。当婴儿看见一个勺子的时候，他不仅要决定用哪只手去拿，还要考虑调整手的姿势，并把食物送进嘴里而不至于掉得满处都是。孩子们不经意地实现了这种视觉神经的和谐作用。

美好生活的开始

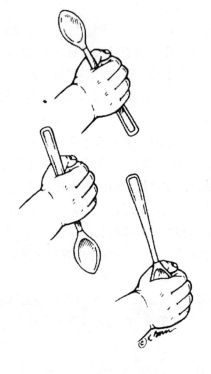

拿勺子：实现正确握勺是需要一定时间和锻炼的。

语言能力的爆发

艾米丽一岁时可以理解 50 个左右的单词,比如妈妈、爸爸、蛋糕和饮料,但只会说 10~12 个词。她和小伙伴牙牙学语,临走也挥手说"再见",但还不会将词连成句子与小伙伴们交谈。

在艾米丽两岁的生日聚会上,大多数的孩子学会用单个词如杯子、玩具和球。这些词也显示着他们正快速地学习概念,比如"更多"和"没有了"。有些孩子把词连起来组成简单的句子,尽管这样的句子对于外人并不一定能够理解。语言正在帮助两岁的孩子进行社交和认知周边的世界。但他们也同样享受着语言带来的乐趣,聆听摇篮曲,说着发音各异的词语。他们愿意将动物与他们的叫声联系在一起,比如,一段时间他们叫狗是汪汪,鸟是啾啾。

如果去一个非英语国家,你会体会到婴儿学习语言的艰辛。桌上放着饼干,宝贝指着想要,但是如果饼干放在橱柜里,他要是能够表达出来就有可能得到。他可以使脸色或是哭,但是如果能说"肚子疼"或是"头撞了"就会让家长尽快地帮他们缓解不适。

我们找不出更合适的相关词来形容我们幼小的成员。婴儿一词是拉丁语 in 和 fans 组合而来的,意思是不会说话的人。成为一个可以"讲话的人"使我们走向与他人相处的社会。因此我们都迫不及待地让孩子开始说话。

一位年轻的妈妈曾走进我的办公室非常关切地询问有关她孩子的问题。萨姆是个性情开朗的小男孩,当她对他说话时,他总是面带笑容,并认真听,但是就是不说一个字。他妈妈是个语言教师,并曾经是个说话很早的孩子,她已经开始担忧儿子何时能开口说话。我记下了这个孩子的病史,并做了一个全面的核查,包括孩子的听力筛查。我问孩子的几个关键发育环节,比如吭吭、牙牙学语和手语,似乎都很正常。当我问及他能否明白简单的命令时,她就有些不肯定了。于是我让她回家,做以下这个"实验"。

她尝试着关注儿子的注意力,并缓缓地不夹带任何手势和语调变化地对他说:"萨姆,去你房间把你的玩具熊给我拿过来。"这是他最喜欢的玩具,她知道就在儿子房间的地板上。儿子一听到就毫不迟疑地走过去拿到了他的熊。他听明白了,妈妈得意洋洋。

尽管萨姆的妈妈迫不及待想让他说出第一个字,萨姆也算不上有什么不正常。孩子什么时候开始说话其实有个很宽泛的时间段,重要的是要弄清楚萨姆能否听懂妈妈的话,因为这是开口说话的先决条件。令他妈妈欣慰的是,几个星期后,萨姆指着他的玩具鸭子说"鸭子"。从那以后,他的词汇就奔涌而出了。

　　孩子们都是先听懂词汇才会开口说。与真正会用的词语相比,他们常常是能够理解得更多些。甚至对于我们成年人也如是,我们在日常会话中也不可能使用从文章上、讲座中和电影中领悟到的所有词汇。

　　就像伊甸园中亚当为他身边的各种动物起名字那样,宝贝们也很自然地给他们所见到的东西起名字。在有些文化中"命名游戏"不是那么受重视。通常是在一岁末孩子开始学习和使用新词汇,到第二年中进入一个高速发育期。一岁时孩子有大约 10~15 个活用词汇,15 个月的时候可能会翻倍。到两岁末的时候,他们可能会用 400 个词了。而他们能听懂,确实能说出来的有其 5 倍左右。

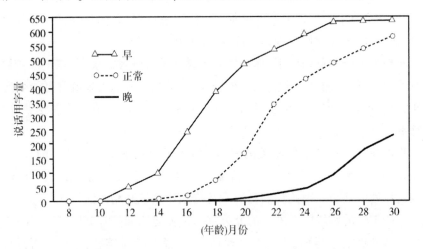

语言的爆发,这是早开口孩子、一般型和晚开口孩子说话多寡的示意图

　　孩子讲出来的第一个词与他的周围环境密切相关。将词语与手势或是面部表情联系起来,就会使词意扩展为一句话或是一个要求。比如:孩子伸着胳膊叫"妈妈",就意味着"把我抱起来","瓶瓶",就意味着我要我的奶瓶。同样的他可以用"多""没""上""下"这些很经济的方式来表达自我。家长们很快就成为了同声传译的专家,视情景,将声音和手势联系在一起,补充其中的遗漏的词语。

　　大约在 20 个月的时候,萨姆突然开始组词了。有趣的是,这种现象的形成,很大程度决定于孩子的词汇量而不是他的年龄。似乎需要孩子们先储存 50~100 个单词,然后才有可能组词。萨姆起初用电报式的语言,如"爸爸……再见","妈妈……来",或是"牛奶……没"。他的词语包括一些动词,多是不及物动词,也有一知半解的形容词或副词,像"好吃,上、做了"。在这个时期,他开始用自己的名字指自己了。

自从用两个字的词组,萨姆已经掌握了词是如何组合在一起的。他可以将物与动词放到正确的位置上,比如"男孩……吃",而不是颠倒过来。

两岁生日快到的时候,萨姆的吐字就更清晰了。首先,他已经用元音和简单的辅音,如 b,g 和 m。如今他运用新的语音来使自己辨别出 stay 和 play 的不同,并在复数词后加 s。但要使外人能够真正理解他们还要等到三岁,两年后他们一年级的老师还要帮助他们掌握 th 的发音挑战。

从牙牙学语、单个词、词组到复合句结构是个普遍规律,也有一些孩子会越过单个词的阶段,这些现象说明大脑的发育体现了孩子语言习得的过程。

大脑中的特殊语言区域

孩子的大脑的语言区域是非常忙碌的。在最初的 3~5 个月期间,婴儿用唇舌的活动发出一些有节律的声音,这样控制嘴脸肌肉的右半脑初级运动神经元发育迅速。但是到了 12~18 个月的时候,孩子的发音变得更加准确,当开始说话的时候,主要的活动转移到左脑的相应区域。这个新的运动神经元的活跃区域比较靠近布罗卡语言区。布罗卡区也是帮助理解说话声音和发音清晰的重要区域。

布罗卡区是用来为声音设置程序,并向控制嘴部运动的初级运动皮层的神经元发送相关信息。在 2~3 岁之间,孩子的左右布罗卡区的树突发育是十分迅速的。到 4 岁的时候,布罗卡区的神经细胞才会形成最终的层次。这时孩子们所发的音才会让外人清晰地听明白。

当孩子开始将词组成句子的时候,皮质中的另一个语言区,韦尼克语言区便呈现出显著的地位。这一名称的命名源自德国心理学家和神经病学家卡尔·韦尼克。这个区的作用是用来接收从耳朵、眼睛和触觉而来的信息,这些信息对口语、手势语或是盲文这些语言的理解十分重要。韦尼克语言区与控制言语肌肉的运动中心相关的布罗卡区有直接联系。这种语言系统使孩子得以理解言语,准备回答并表示出来。

对多数人来讲,语言的功能位于左脑。在儿童早期,这些基本的中心仍在发育的过程中,对左脑造成的伤害可能导致言语中心在右脑中形成。这种转变说明了大脑独特的弥补缺损功能所具有的可塑性。如果在青春期后左脑受到伤害,右脑也是可以承接部分功能的,但是其灵活的高峰期也就结束了。

左脑不断增长的处理言语的专门化体现在大脑的电效能。南伊利诺伊州立大学的丹尼斯·莫尔弗斯为 16 个月大的婴儿家长提供了一个常用词清单,其中包括瓶子、饼干、钥匙和球等,并让家长们画出他们孩子知道的词。然后家长们把孩子带到实验室来,研究人员把电极戴在婴儿的头皮上,并让孩子舒舒服服地坐在家长的大腿上。当孩子从扬声器中听到词汇"知道"和"不知道"的时候,脑电图就会记录下此时孩子大脑的电效能模式。

孩子们对所听到的词汇的熟悉与否体现出的差异是十分明显的。研究人员甚至对差异体现的位置的细微不同都能观察得到。男孩在听懂某个词的反应在左右脑都有体现,而女孩多体现在左脑。因为通常左脑是语言功能的成熟区域,这也就验证了为什么女孩子的语言能力强于男孩的观点。

大脑中的诸多连接进一步增进了语言能力的提高。在婴儿第二年中,大脑皮质中的神经元在胼胝体中实现连接。这样信号可以来回传送,以致脑两半球可以共同利用这些信息。右半球处理物体和动作的概念,而左半球则是加以命名。多亏两半球之间的进一步连接才使得来自两方面的信息源得到快速整合。这样,当孩子看到某种物体,他就会快速调出这个词并表达出来。无论两半球的专门化程度如何,他们之间的合作是最根本的。

尽管不计其数的活动发生在大脑皮质的语言区内,但我们也不能遗忘发生在其下的功能。从大脑皮质到皮层下的连接也日益加强。基底神经节和小脑中固有的纽带是语言结构中当之无愧的家族成员。

孩子的大脑可以处理他们周围环境传送的信号,从而建立起基本的语言中心。而且孩子如果在一个语言环境健全的体系中成长起来的话,很自然地就会习得语言。语言学习时间长短与内容的不同有赖于遗传和环境因素。

听懂会用的词汇

由于孩子们开口说第一个字的时间各不相同,这也就很难说直接的训练对孩子提早说话有直接的作用。但是,尽可能地同婴儿对话会使他们更健谈些。在第二篇中我们提及了分布在两个非洲部落中的婴儿的对比,这两个婴儿的妈妈一位健谈,一位寡言。显然第一个部落中的孩子就更爱说话些。在跨文化对比中发现,美国的妈妈们相比危地马拉、荷兰、赞比亚的妈妈们更爱说话,而美国的儿童也更健谈些。芝加哥大学的贾内尔·郝顿罗格对妈妈的语言习惯与他们16~20个月大的幼儿习惯进行了对比。研究人员为他们在3小时内所记录下的词汇感到惊讶。寡言的妈妈只用了700个词,而健谈的妈妈则用了7000个词,而且健谈妈妈的孩子在26个月的时候也比较健谈。难道这意味着你每天都要听早间广播的喋喋不休吗?其实并非如此,还有比光听无聊内容更重要的因素呢!

当哥伦比亚大学师范学院的洛伊丝·布卢姆和她的同事们跟踪了一组9个月至2岁的儿童之后发现，2/3的时间是由孩子发起对话的，随后妈妈才会说点什么。他们或是重复孩子的话，或是赞同孩子的话，或是进一步澄清孩子想说的内容。布卢姆认为婴幼儿在从周边环境中选择词语进行表达方面起着举足轻重的作用，他们选择在当时对自己最为关键的词汇来尽量交流。

美国国家儿童健康和人类发展研究院的麦克·博斯坦发现，妈妈回应孩子的方式相比她们所使用的词汇量对孩子日后的词汇有着更重要的影响。研究人员对13个月和20个月的儿童在玩耍和就餐时段分别进行了观察，同时他们也观察了妈妈对孩子所说的话的反应。在研究人员就20个月大的幼儿词汇进行衡量的时候，他们发现了妈妈的反应与孩子词汇的相关性。显现出词汇增长幅度最高的孩子的母亲往往是那些加入孩子对话中，有时是重复孩子的话。比如"红球。你想让我接住红球？投给我"。这些妈妈们把孩子的话按照孩子的语言水平进行再加工，并随着孩子语言技能的提高而不断使用更多词汇。

交谈中的直接互动对孩子学习语言是至关重要的。独自听广播和看电视在早期对孩子的词汇量的形成没有本质的作用。但是，如果词语或是表达方式被他人有意挑选出来便非常利于孩子来模仿。

玩 耍

孩子们玩耍的方式反映出他们观察和认识世界的变化。当一岁婴儿专注于用两手和嘴来认识他们的玩具的时候，两岁的幼儿就只用手了，而且比婴儿期要自如得多。他们可以把一块积木摞在另一块的上面，搭成个"塔"，而且也会用勺子了。两岁的孩子懂得了不同的物体用途是不一样的，艾米丽就乐意在上床之前刷牙，知道剪刀是用来剪纸的，扫帚是用来扫地的。她还会用杯子给她的玩具熊喂奶。

当斯蒂文10个月大的时候，他使劲撞两块积木，还把其中的一块放到嘴里。他那是想听听他们的声音并用舌头感受它的形状。4个月后，斯蒂文感受物体显现出了完全不同的方式。他将一块三角形的积木在地板上推，这时积木已经变成了一辆"小汽车"。用一块木头来代替汽车就是推测的结果。推测指的是从一种物体或事件联想到另一种。斯蒂文的大脑对积木和存储在他记忆中的汽车影像构成了暂时的联想，这种推测和运用脑中的影像的能力就是创造性活动的开端。这种能力的形成是由于孩子已经能够对物体的特殊特色给予更多的关注，并能在较长时间段中存储更多的记忆。他们的大脑能够更加高效地连接信息，从而产生快速联想。

将 物 体 分 类

第二年中期,孩子们对给类似物体分类极为热衷。幼儿很可能会将所有的瓷杯子排成一列,所有玻璃杯排在另一列。将物体分类是非常实用的一种储存东西的方法,这样也便于再找到它们,大脑也是这样运转的。形成不同物质的想象组合有助于孩子认识它们。

进行分类的能力在孩子第二年中发展得更加复杂。英国的一个研究小组向婴儿展示了两幅图片—— 一张是典型的鸟,如红襟鸟或麻雀,另一张是不太常见的鸟,像鸵鸟。然后孩子们听到"鸟"这个字,12 个月大的婴儿较长时间注释着那张典型的鸟图片,但是到 18 个月时,宝贝们就用相同的时间注视这两张图了。也就是说他们已经对有些不寻常特征的"鸟"的分类有了扩展。

由于孩子们能够更熟练地分辨出物体的相似与不同,并找出进行分类的相关特点,他们便可以更好地在新的环境下使用这些信息。斯蒂文对艾米丽爸爸挂在钢琴旁墙上的木笛极为着迷。他把琴凳移过去手脚并用地爬上去,这样他就够着并把它取下来了。他以前从未见过这种笛子,但它的形状使他联想起在一次游行中看到的乐器。所以他推断这个笛子可能与他以前见过的乐器一样可以吹,于是他把吹口放在嘴唇上吹了起来。

就像孩子整理球、积木或是拼形状一样,他们也会将人分成类别。他们认识自己是一个家庭或是游戏组的成员,是男孩或是女孩。他们也可以分辨出"大人"和"孩子",甚至"大孩子"和"小孩子",并对分别的举动有所认识。两岁的孩子如果看到你用小孩的杯子喝水他会笑你的。

一个简单的试验可以验证孩子可以将有生命的分类转化为非生物的。将一把大小各异的小石块放在两岁的宝贝面前的桌子上, 让他告诉你哪个是 "石头爸爸","石头妈妈"和"石头宝宝",看他能否把最大的命名为"石头爸爸",最小的是"石头宝宝"。

大脑中内置的分类系统极其有助于语言的学习。孩子们可以凭直觉分辨出哪些词是名称,哪些是动作、位置或是形容品质。这样就有助于他们根据特定环境组新词。一个幼儿可以这样说:"我看见盘子上有蛋糕。""我要蛋糕。""妈妈做蛋糕。"

起 因 与 结 果

一岁末的时候,婴儿们会兴奋地发现他们的行动是有结果的。当他们把钥匙掉在地板上的时候,会听到有趣的声音,大人们会马上上前捡起来。这两种结果都是那样令人兴奋,孩子们有可能重复他们的举动直到他们厌烦为止。

在第二年中,孩子们想得更有针对性了,要看个究竟。他们已经知道用开关可以打开电灯,拧收音机的旋钮可以出声,拧开水龙头水就会流到浴盆里来。他们想利用一切机会来验证他们的知识。拔掉浴盆的塞子,把饼干扔进厕所并放水冲都是十分有趣的事。尝试家长不让做的事对孩子们来说是非常具有诱惑力的。

我不会忘记有一次我们带着5岁的儿子和3岁的女儿去短途登山的经历。出发前,我们警告孩子们不要碰围着牧牛场的电护栏。我们排成一列队走在孩子们的前头,突然听见孩子大叫一声,儿子马上解释"杰西卡发现了电"。原来她是无法抑制自己的欲望想看一看碰了它会产生什么结果。

两岁孩子不断尝试接触周边环境不仅仅意味着拉动控制杆和按个按钮。他也同时去发现其他人要做的事。他可能不喜欢一套接着一套地换衣服,或是当你要求他捡起玩具时说不。他所说的"不"其实未必是一种不同意、拒绝或是通常意义上的消极态度。有时他只是想看看这样说了会怎么样。

专注一项任务

索尼亚正极其专注地玩木板拼图,根本没听到妈妈叫她去吃晚饭,她想把这件事做完。位于索尼亚前脑的"内部管理器"帮助她完成自己设定的任务。这个中心要求中枢发挥一系列的颇有价值的功能,帮助她挡住干扰,全神贯注于手头的任务。像是它在说:"等一等,我们再试一下。"当她全部拼好后,她大脑中的奖励中心就印记上了好记录,很可能使她将来还会愿意做这样的事。这是她从"管理器"那儿得到的奖励。

索尼亚的指挥中心只是整个团队的一部分,我们只能突出它们当中几个。额前皮层帮助她选择相关细节并牢牢记住。向后伸展接近运动区的额皮层帮助她实现行动。她成功的信息迅速在她的认知中心和情感系统中旅行。她理解和运用语言能力的增长也支持和促进了其实施行动的能力。她可以用语言告诉自己下一步该做什么。幼儿期是这个系统形成的重要时期。

大脑复杂结构的形成为幼儿开展新活动,由此而来的刺激又作用于神经的生长。通过这些经历,索尼亚学会了运用她的新技能。而这些经历也会得到她身边大人的引导和鼓励。

要为孩子提供多大的帮助,一部分取决于这个孩子的年龄。苏珊·兰卓和她的同事观察了妈妈与孩子是如何一同做游戏的,特别是孩子对妈妈的建议如何反应,以及多久孩子才请求帮助。研究人员后来观测了四岁半孩子是如何解决问题的,看孩子们究竟能够怎样独立形成解决问题的策略和执行计划的灵活性。研究人员发现当妈妈频繁为两岁半孩子指出可行性方案的话,这样的指导一直到四岁半的孩子都是有帮助的。而如果妈妈对三岁半的孩子也不断地提出指导,就不利于他自己完成任务。因此研究人员认为家长要在孩子有能力发展自我解决问题能力的时候尽量少给些指导。

思 考 题

能否加速运动机能的实现?

家长们往往希望孩子尽早开始走路,那么适当的训练是否有帮助呢?一项在非洲部落中进行的实验解答了这个问题。在这个部落中学会打猎是十分重要的,因此部落中的大人着力地加快婴儿的行走过程。在婴儿还站不稳之前就让他们学着走,遗憾的是毫无效果。婴儿还是在 11~14 个月时才学会了走路。而有些地区,用摇篮或是裹布养育出的婴儿开始走路的时间照样不晚。

何时最终开始说话?

别着急。当邻居家的孩子不经意地说出整句话的时候,你的孩子还说不出来你所认为的一个字,这样的感觉听起来耳熟。其实语言发展的正常范围是很宽泛的,但要留意孩子能否正确回应你的话。你两岁的孩子喜欢不喜欢玩模仿游戏?他是否按步骤并用手势表达他的愿望? 他是不是也会发个什么声音,而不真正用一个词来表示一种物体?如果没出现这些现象,或许说明他还需要一定的时间,不过这种时候最好去咨询一下儿科医生。

如果孩子表现出能够用话来提出要求了,就给他这样的机会。在他指着桌上的那块蛋糕要吃之前先迟疑片刻,如果他哪个音不清晰,你只需要重复几遍正确的就可以了。

一旦孩子发现使用词汇的乐趣,你便可以更多地帮他学习。与他们所感兴趣东西或是正在做的事情相关的词汇更容易被他们所接受。宝贝们通常对人们问他们知道的东西有兴趣。你也可以顺便接着问:"飞机发什么声音啊? "或是"笑一笑。"对孩子作出积极的配合就是鼓励他们更长时间地专注于一件事上,为他提供接触这些新词的机会。两岁的孩子喜欢同大人一起看图画书,这的确是一种让他能够随时提问的好机会。

单语还是双语？

你也许生活在一个双语的环境了，家里有人说另一种语言。这是一种让孩子自然学习另一种语言及自己母语的极好机会。幼儿同时学习两种语言的轻松归功于他们可以用同一个"第一语言"大脑系统来学习这两种语言。

孩子们自然地吸收在他周围说的语言。尽管我们居住在一个说德语的瑞士方言的环境中，但我们希望用英语作为家庭语言，因为孩子妈妈的母语是英语。有一次，同我们的朋友在一个聚会上待了几天后，我们两岁的儿子指着自己的内衣得意地说："他（他的那个小朋友）把它叫 Hemdli"。是瑞士德语中的"小衬衣"的意思。我们没有做任何辅导，孩子就分辨出了谁说德语，谁说英语，并始终对不同的人用不同的语言。30 年后这两个"孩子"再到一起的时候讲的仍然是英语。

他需要很多玩具吗？

不需要。正像忙碌的幼儿需要空间锻炼他的肌肉发育一样，他也需要空间来发展他的想象力。他可以从他的周边环境轻易地找到一些简单的东西来实现。我曾经看到一位年轻的妈妈后面跟着一个两岁的孩子走在去公园的路上。她左肩上背着重重的一个大塑料袋，里面塞满了五颜六色的各种各样的玩具。她儿子还拖着一个轻型塑料小汽车。难道他妈妈怕他不开心？前面是整个公园，为什么不去看看松鼠，在池塘里玩玩水，用石头和小棍搭个微缩水坝和小桥，或是用树叶当船在小河上泛舟。如果孩子需要鼓励，妈妈就可以不露声色地用亮晶晶的小卵石自己搭个小桥。幼儿是不会当太长时间的旁观者的。

什么时候鼓励孩子学习上厕所？

美国儿童研究所的《健康指南》中指出希望 3 岁前"要有训练如厕的过程"。具体地讲，就是说到这时 90% 的孩子要在坐便器上上厕所，85% 的孩子白天不会有尿裤子的情况，夜里也会不超过 60%~70%。女孩比男孩在这方面学会得要早一些。

学习上厕所的前提是孩子的神经系统已经发育到一个阶段，他能够自主地控制括约肌和膀胱肌。这也就意味着从神经皮层到脊髓神经元之间长长的连接形成了髓鞘。孩子也要把体内的感觉与有大小便的感觉做个连接。他的大脑要把这个信息传达给括约肌和膀胱肌。如果你的孩子愿意自己做自己的事情，并愿意模仿你，那学习上厕所会让他感觉自己像个"大人"。这样也有助于孩子了解自己的身体部位,自己脱裤子,坐马桶,冲马桶。父母最好留意一下孩子的排便时间,给他确定一个相对恰当的时间排便。

我需要改变孩子的作息时间吗?

有个故事讲的是一个两岁孩子的保姆常常为他用一个澡盆,以同样的方式洗澡。她不在的时候,替她的保姆也给他洗澡。这个孩子每次都哭,新来的不知道自己哪儿做错了。从前那位保姆回来后问这个孩子:"你为什么老哭啊?",男孩回答说:"她给我从后头开始洗。"因为第一位保姆从头开始洗,另一个从脚开始洗。

幼儿会开始领悟所有的事情的发生都是有特定顺序的,因而他们会坚守他们认定的顺序。我们最好了解他们的感受,如果无法按照他们的意愿行事则要给他们几点理由。但是他们也需要适应情况的变化,如果更小的孩子饿了,那么他的哥哥就要等会儿听故事了。

7

我和你

艾米丽一岁生日聚会上的孩子们还在地板上来回游走，把身边的小伙伴全当做他们路上的显眼的障碍物。对于两岁的孩子来说，其他孩子和大人就变成了存在的事实。两岁的孩子开始区分我和你了，并逐渐意识到别人与他有着相似的要求和意愿。孩子们开始领悟了悲伤、高兴、生气、失望和惊讶的感受，他们发现大人同样有这些情感。幼儿在这个过程中能够认识自我，并成为社会活动中的一分子是他们所取得的最大的收获。

是我！

索尼亚的妈妈想帮她穿上雨衣，她却尖叫着："我自己。"这句简单的话反映了一个在她身上产生的巨大进步。她已经意识到自我，如果没有自我意识，她是无法体会出自我实现的乐趣的，也不会对她自己的行为负责任。她不会理解别人的感情，也不会对自己的经历形成一个长久记忆。孩子自我意识的惊人发展是对任何和善父母的考验，尤其是当孩子坚持自己穿袜子，或是考验对大人说"不"这个词而产生的能量。

自我意识在第二年中显现出来。在一个传统的试验中，要求孩子先照照镜子，妈妈随后把他们叫过来在他们的鼻子上画个口红点儿，然后再让他们去照镜子。一岁以内的孩子对此没有任何不同的反应。但是，对于15~24个月的孩子来说摸摸自己鼻子的比例上升了很多。这个事例说明了孩子们开始意识到镜子里鼻子上带红点的孩子就是他们自己。

这个发现使心理学家提出在第二年中，孩子发育出一种对自我长像的内在描绘,这可以与镜子里的形象来对比。

　　这种能力出现不久,孩子开始使用人称代词和自己的名字来指自己。羞涩的笑容和含蓄的注视也是自我意识发育的体现。

　　自我意识的出现不仅与内心的自我形象有关,也与生理知觉相关。第三章中我们谈到14个月大的孩子在接种疫苗的时候,有的反应强烈,有的反应一般。研究员米歇尔·刘易斯发现那些反应强烈的孩子的自我意识发育的相对较早。这些孩子长大之后也将承受较多的尴尬。这一发现说明某个人的情感敏感度也是自我意识的组成部分。

　　在第三篇中,我们发现第二年中的孩子们变得乐于将物质分类,同时他们也把人进行分类,例如大人与孩子、男的和女的、家人与外人,并把自己纳入其中之一或某几个分类中。两三岁时,孩子们意识到某些财产和任务是属于大人的,他们开始形成与性别相关的成见:男孩子更强壮,爸爸能修理玩具,脚趾受伤时妈妈表现得更富有同情心。

　　自我意识为社会经历和情感经历都增添了范围,不过各有利弊。意识到自己无法拥有另一个孩子的玩具便提供了嫉妒的基础,同时也提供了宽容的空间。意识到是自己弄洒了桌上的牛奶,摔坏了花瓶,会有一种负罪感;而意识到是自己在饭前摆好桌子则会增添骄傲、长本领和富有责任感的感觉。

　　部分自我意识能够告诉自己能做哪些事,研究表明孩子们大约是在两岁半的时候意识到的。研究人员要求18个月大的婴儿模仿他们的动作,如用积木搭房子,或是用积木当动物做表演。当动作更复杂了,很多孩子就开始焦虑不安,偎在妈妈的怀里了。他们意识到这样的活动对他们来说太难完成了。

　　作为幼儿所表现出来的自我意识与成人所具备的自我潜意识还是有差别的。但是这是培养习惯、树立对自身本领态度的基础。孩子能够认识自我能力水平是进一步学习的动力。如果孩子的经历让他感到努力未必带来成功,他就比较容易泄气和对事情产生厌烦。

别人的想法与感受

　　自我意识与对他人的想法和感受的意识是彼此交织在一起的,无法分别呈现。了解自我与他人的感受是幼儿能够享受家庭幽默、在交流中分享想法,甚至有可能去安慰受了腿伤的临时保姆。

　　如果你不小心头撞到了书架上,你的孩子会如何表现呢?如果他过来表示出伤心并关切地问你是不是很疼，你会觉得他富有同情心，他在为你着想。心理学家把它称作"共鸣"，这是一种参与到他人情感中去的能力，也就是在与他们共同体验。从第二年起，孩子们开始主动表现出对他人的关心。他们不仅能体会他人的痛苦，更能用新的思维能力了解发生在别人身上的事情以及他人的感受。

共鸣往往产生帮助他人的欲望。在第二年末，多数孩子主动乐意在日常活动中模仿大人的样子。他们无意识地热衷于帮助大人去做，在模仿的基础上尽全力去完成任务。

由于个性的差异，孩子们表示同情的方式也是不同的。女孩比男孩表现得更具有同情心。而且孩子的同情心是应当受到鼓励的，比如用你对他人表现的例子，还有提醒孩子，如果是自己身处这样的环境会有什么样的感受。

就像意识到他人同我们有相同的感受一样，我们也要明白别人也很有可能与我们有不同的感受。在第二年中，孩子们开始把参照物从自身转移到他人身上去了，方式之一就是通过对他人需求的意识而完成的。

加州大学的贝蒂·里普乔里和艾里森·戈博尼克对试验者测试出的 14~18 个月大的孩子对两种食物偏好推测进行测试。首先，试验者发现如果给孩子提供薯片和西兰花，他们喜欢薯片，这也许无需质疑。但是试验者还想弄得更清楚些，随后一位研究人员分别尝了尝这两种食物，鲜明地表现出对薯片的厌烦，对西兰花的喜爱。当孩子们被问及这位研究人员今后还会想要哪种食物时，多数 14 个月大的孩子选择的是薯片。然而 87% 的 18 个月大的孩子选择的是品尝人的喜好。

与此同时，孩子们开始意识到别人的欲望了，对他人的计划和打算形成了认识。安德鲁·梅佐夫认为孩子会说话之前就能意识到示范者对一个物体想做的事情，做得成功与否另说。比如：18 个月大的孩子看到一个大人手握微型哑铃，每个的末端有一个木方块，试验者想把它与哑铃分开，可手一滑没成功。当试验者把哑铃递给孩子，他们一下就做成了，这表明他们已经形成了试验者打算要做的事情的想法。

一个针对两岁半儿童如何运用不同策略阻止他人达到目的的实验，进一步说明了幼儿迅速发育的感知他人意愿的意识。大不列颠哥伦比亚大学的迈克·钱德勒和同事与孩子们做了个捉迷藏的游戏，鼓励孩子们在几个不同颜色的塑料容器之一里"寻宝"。实验人员给孩子们一个叫托尼的木偶，向孩子们演示托尼的黑脚印是如何在可擦的白色平面上露出蛛丝马迹的。然后实验人员告诉孩子让托尼去藏宝贝，这样没看见他做的话就很难找到他们。孩子们用抹掉脚印，躺着甚至擦脚印和制造错误线索多种办法来误导别人发现宝贝的存放处。

知晓他人的意愿与假设可以是一种家庭式娱乐活动。我的孩子总是要喝我早餐茶的茶底。通常是在我不戒备的时候,他们其中一个喝掉我的茶,当转过身来我会说我是多么看中这杯茶,而他们为自己制造的小幽默咯咯直笑的时候,我则假装极为吃惊和失望。

正误观念的萌芽

当汤米在艾米丽的生日聚会上推安娜的时候,斯蒂文立即冲汤米说:"你不对。"孩子们都意识到汤米所做的不是不经意,而是"错的"。

对错的意识产生于儿童的第二年,它与其他这个时期出现的很多进步是相互关联的,比如孩子不断增长的推测能力、自我意识的发育和对他人动机与情感的观察力。孩子意识到了不被人欢迎的举动,这些举动是否关系他人或物。

觉察正误感出现的途径之一是观察孩子对损害的东西的反应。心理学家发现孩子倾向于关注有残缺的、破碎的和脏的东西。如果房间里有各种各样的玩具,两岁的孩子会轻易地找出那个掉了胳膊的娃娃或是掉了轮子的火车。

格拉齐纳·科坎斯卡和同事们研究了幼儿对破损物体的敏感度和对不当行为的关注的关系。在调查的第一部分,研究人员就孩子对一对物体的反应进行了观察,如一个完整和一个摔坏的。两岁半的孩子肯定喜好那个未受损的。但是,那个有问题的也引起他们的注意,他们认为这个需要修理修理。

在调查的第二个阶段,研究人员观察孩子们对由于他们自己引起的破碎的反应。当他们玩弄那个"特殊"娃娃时,娃娃的脑袋掉了下来,或是当他们拿起那件 T 恤衫时,一瓶墨水洒在了上面(观察人员随后安慰孩子们这些都是意外)。那些在第一个试验阶段善于区分破损与非破损物体的孩子相对更关注破损的原因。对引起伤害感到不舒服的孩子更留意伤害的迹象。

在第二年中,多数孩子开始从大人那儿观察同意与反对的迹象。他们开始留意家长的准则,并开始用这样的准则规范自己的行为。他们将事情与"好"、"不好"相结合,这些词用来规范那些需要鼓励或是不鼓励的行为。

把行为定位成好的、不好的,是与个人的情感为依据与人的生理感知紧密相连的。"应受惩罚"的举动会引起孩子的胃痉挛或呼吸节奏的改变,"不好"与味道和气味不好也是有关联的。孩子所做的联想和与之而来的生理感知是受孩子的性情所左右的。对神经系统较敏感的孩子来说,他们对不当行为会产生更多的焦虑,神经系统反应较弱的孩子则不然。

对事情起因的推测力是具备正误意识的根本。当两岁的孩子发现玩具坏了，他会推测是由于谁的行为不当而引起的，并且他会从以往的经历预想父母的反应。如果他认为是自己弄坏了玩具，他会表现出无辜或是害怕。在一两岁之前，他或许会愿意"修复"因自己引起的局面。到3岁的时候，他会比年幼的孩子更懂得将情况与结局相联系。

珍惜与爱护东西对于幼儿已是司空见惯的事情。他们经常听到这样的话："别动那个烟缸。别碰那本书！把你的脏手从窗帘上拿下来！"尽管整个房子孩子可以无处不去，但还会有几处禁区。孩子们通常对此极富好奇心。朱迪·邓恩研究了幼儿的道德观发育情况，从中发现，当孩子就某件事与父母的标准相距甚远而产生焦虑时，同样也会就此产生兴趣、兴奋和愉悦。如果我们想一想报纸、谈话节目和电视新闻中关于报道犯罪和丑闻所引起的关注是非常类似的。

孩子能够如何遵守父母的准则，一部分取决于孩子与他的照看者之间的经历。研究表明，孩子在14个月时与母亲体验较多积极互动和妈妈较负责任的话，孩子在22个月时对违规现象会表现出较大的焦虑，也就是更愿意模仿妈妈的行为。这种行为顺带产生的是妈妈没有使用直接的管教法。通常的指责，包括忽视或是严重的惩罚会使孩子把自己归类为"坏孩子"，从而欠缺做好事的能力。其结果，孩子会很少表现出同情心和耻辱感。

幼儿开始感到自己的举动是有后果的，他们有能力学习抑制某种易引起他人伤害或焦虑的冲动。这样事情的"正"、"误"自然而然地呈现出来了。而且对"正"、"误"的具体认知还要靠大人的引导。

将脑的两半球相连

当我们很难决定某件事的时候，我们常会说两个脑袋比一个强。大脑就是这样工作的，两个脑半球不是完全一样的，尽管他们有着共同的特征，但是每个半球各有专业分工。人的大脑两个半球的专业化比其他物种更突出。将两个半球相连接，大脑就会接受大量的信息源，这是最直接的做事方法。

儿童第二年中大脑最大的发育是两个半球联系的加强。尽管最初的连接是由3亿个轴突所达成的桥梁而实现的，这个桥梁叫做胼胝体，是在出生前就形成在内层的，很多激烈的活动是在两岁时候，在桥梁两端完成的。两个半球轴突中的神经细胞生长着较长的树突以便与另一半球相应的轴突进行突触联系。这种联系对从两个大脑而来的各种信息得以集中。

第二年出现的很多心理素质和行为都是与两个大脑半球的和谐统一分不开的。我们已经看到了它的效果,也就是说当孩子看到一种物体的时候,他能够从大脑中调用与之对应的词语,语言爆炸出现了。

相类似的,信息的整合对自我意识的出现起到了作用。右脑处理孩子机体中的知觉情感。左脑包含着孩子情感的对应词。这对于孩子发展起来的正误感具有一定的效果。当他做的某些事他感到是违背父母准则的,他的右脑就会提供一种情感意识,而左脑增添的是正、误、好、坏的标签而已。

语言、自我意识和正误准则,这三种能力的出现都要求具备推断力。当前额皮质增加了从不同皮质层来的信息,推断力得到大规模的提升。这是前额皮质高速发育的时期,第二篇4"探险"一节中主要介绍了它在记忆、学习、计划、执行任务、解决问题和做判断这些大脑的高级功能方面所起到的作用,主要是协作者的作用。

幼儿与性格

第二篇3"生活的开端"中,我们描绘了哈佛婴儿研究小组是如何跟踪孩子长期以来对新奇事物的反应的。在4个月大的时候,像艾米丽这样的婴儿坐着听一些奇怪的声音,看手机在眼前这么近距离地晃来晃去,还能平静地忍耐,可类似的活动令安娜这类孩子就很不高兴。艾米丽和安娜代表了两个极端:不拘谨和拘谨。让我们重新假设作示范的孩子正在参加哈佛婴儿研究项目,观察一下女孩们在20个月时的反应又如何。

不熟悉的区域

在妈妈的陪同下,艾米丽走进了一间从未见过的房间。屋子里到处是新奇的东西,地板是斜的,放着一个箱子,箱上有一个能爬过去的奇异的黑洞,墙上还挂了个可怕的面具。艾米丽立即撇开妈妈,在屋子里跳跃着,很兴奋地欢呼着。她把手伸进面具里还晃晃,钻到箱子里,还在陡斜的地板上跑来跑去。当安娜进来时,眼睛直盯着地板便揪着她妈妈。稍微环视了一下,她就表现得很害怕。她竭尽全力催她妈妈带她尽快离开这个房间。

哈佛小组发现像安娜这样在4个月大时就显现出困惑和较多神经活动的孩子,到20个月大时更容易感到胆怯和羞涩。而像艾米丽这样在4个月就表现自如爱笑的孩子,就不太容易胆怯。

以前我们发现艾米丽和安娜的神经系统的"装置"是有差异的,这也就是为什么她们各自对奇怪的声音和近距离晃动的手机会采取不同的应对方式。如今两个孩子都长大了,她们神经系统的发育又为她们应对不熟悉的环境增添了更大空间与范围。孩子们会以自己的方式诠释周围的环境。她们会提取以往的记忆与当前的情景相比较,她对自己大脑内部器官所接受的反馈的意识增强了。

安娜强烈地感到不适应,或许与她以往不愉快的经历有关,因此想尽量回避。相反,艾米丽或许在独自探索新领域时的经历使自我感觉还很不错,因此她认为这样的机会是又一次发现新事物的良机。

用脑电图研究儿童的基本情绪

性格的其中一个特点就是孩子的基本情绪,这关系到孩子如何对待新奇事物。脑电图研究为直接观察孩子大脑中更积极或较消极的态度提供了特殊的窗户。研究还表明部分额皮质对处理情感起到很大作用。在第一章谈到分离惧怕出现的时候,我们提到脑电图显示了哪个婴儿看到妈妈离开哭得早一些。那些右额活化较多的孩子哭得早。随着孩子长大,越来越多孩子的行为与脑电图模式之间的有趣关联就显现出来了。

威斯康星州立大学的理查德·戴维斯和他的同事运用脑电图技术研究了像艾米丽和安娜这样外向型与内向型孩子的区别。他们对 31 个月大一起玩的孩子进行了观察。两个孩子和他们的妈妈同时在一个房间里,观察人员记录下他们的行为,比如他们分别距离妈妈有多远,多长时间后孩子才开始说话,多长时间后他们才开始去碰由陌生人放在托盘中的玩具,或是去钻玩具隧道。

基于这些观察,研究人员用"不拘谨的"、"拘谨的"、"中等"来描绘这些孩子。当几个月后观察人员测量孩子们脑电图时发现,不拘谨的孩子左额活化的多,拘谨的孩子右额活化的多。这些发现与 10 个月大时测出的分离惧怕是相吻合的。

将关于性情领域研究的多种发现汇集在一起,就会有助于我们理解为什么孩子们对同一情景做出的反应是不同的。就像我们开始发现再活化、羞涩和右额活化的关系一样,我们或许会发现新的视角帮助解释为什么一些孩子容易不高兴,或易怒,而其他孩子表现得"很酷"。但是,随着孩子的不断成长,他的日常经历会对他的行为举止的形成发挥从未有过的影响力。

思 考 题

孩子考验我的耐心时我该怎么办?

对于幼儿来说,认识自己和他人是件非常兴奋的事情。他非常想知道如果他说"不"会是个什么后果,想知道他能选择的空间,和到底大人能承受到什么程度。一个两岁孩子想做和真正能做的事情是不同步的。但他们总是在学习如何应对这一切。

作为家长,我们需要帮助孩子找到一种合适的方式以鼓励他做自我决定的能力和了解自我极限的能力。看看这些是否也是旁人的需求,周围的情况能允许我这样做吗?两岁的孩子刚刚认识到这些,还需要清晰的信号和简要的解释才能够明白,比如:"别抓我的头发,这样很疼。"

没有什么事比在超市中管教一个叫喊的幼儿更让人感到力不从心的。如果一个严厉而简洁的"不"没作用,这两岁的小东西也没被说服。如果分散他的注意力也无济于事,那么最好走出商店,到一个相对安静的地方让他平静一下。

孩子用发脾气来得到想要的东西,尽量不要让他们养成这种习惯。尽管孩子时不时会发脾气,如果经常得逞,他们会认为这是种"办法"了。不要让步或是发了脾气还奖励孩子,尽可能淡化处理。每天都会有很多机会让这样的冲突尽量不要发生。孩子们要意识到不是想要什么就一定能得到。如果比赛的规则不停地变化,孩子们是无法意识到拳击场上的护栏的作用是什么的。因而家长一定要保持一个始终如一的态度,尽一切可能讲好规则,信守诺言,不要吓唬人。

如何照看过分忧虑的孩子?

像安娜这样的家长或许会尽量避免制造孩子易发脾气的环境。但毕竟如果去日托中心或是托儿所,孩子要面对新环境带来的不适应,最好提前为此做些准备。这就意味着在你离家把孩子托付给临时保姆前,尽量让孩子与保姆熟悉一些。如果去医院最好也是提前一些到,让孩子在候诊室多玩一会儿适应一下,再有让朋友们稍稍耐心些别太突然而又神气十足地出现在他面前。

相比之下，对特别胆小的孩子权威式家长比纵容式的家长好处要更显著。这意味着为孩子的行为提供指导从而为他培养出安全感。它也可以意味着你的书房是"禁入区"。如果你说了不要进来，孩子依然置若罔闻，你就要把他抱回他的玩具堆那去。如果晚上上床后他还不停地喊你，告诉他你就在边上，没什么可怕的，现在是该睡觉的时间了。

正如前面所述，理查德·戴维斯森和同事们用脑电图研究儿童的情绪得到家长们的理解。31个月大比较拘谨和胆小的孩子的右额活化要比左脑多。那么这就意味着两件截然不同的事情，是否说明右脑活动就异常强烈，而左脑就异常薄弱。如果是前者，这样的孩子就很容易对新奇事物产生惧怕，尽可能回避。如果是后者，孩子很可能表现出对新事物缺乏积极的探索的兴趣。因此，鼓励孩子发现新奇事物是有价值的和帮助他们克服新奇事物的恐惧同样重要。

可怕还是兴奋？

两岁的孩子可以用这两个词来形容。了解两岁孩子所经历的发育和这个年龄段能够取得如此大的进步会帮助你克服很多挑战。两岁幼儿发展出来的推测力有可能助长他们得出这样的结论，发脾气就能得到想要的东西。但是我们要让他们明白不是这样。他的无处不在也许让你感到厌烦，想一想他的举动都是在不断地探索和适应他所遇到的新环境。当他坚持自己穿袜子，不管用多长的时间，都说明是自我成长的信号。感谢他与你产生的共鸣，他会在你不顺心的时候安慰你，他还会共享你的幽默。而且他还会用每一个新学会的词汇让你兴奋无比。

第四篇
三到六岁

六岁的艾米丽

当黛博拉冲进门来接安德鲁去看医生时，艾伦叹着气说："你不会把我单独留下跟着他们吧？"她告诉他："没关系，艾米丽会帮我来准备晚会，她知道东西都在哪儿。"

如果你要问自艾米丽两岁生日聚会之后孩子们都有了哪些变化，她的父亲会说他们多半像个"人"了。他们不再像以往那样各玩各的，而是一起玩儿。他们不仅能对话，而且还可以交谈。虽然他们的个性不同，但有许多共同点：他们学会了与更广范围的人相处，获得社会生活的技能。如果，幼儿时期我们的小探险家们试着划划水，如今他们正学习自己掌舵，正准备离开完全由父母控制的港湾。

尽管艾伦无法在联欢会上唱准调，但还是尽力领着大家唱完了"生日快乐"歌。艾米丽吹灭了蜡烛，并为大家分了蛋糕。孩子们于是便开始热烈地交谈起来，最主要的话题是 9 月开学的第一天。马修说他想去上学，因为他想成为像他爸爸那样的律师。马修是个自信开朗的男孩子，说起话来很有说服力。汤米说他宁愿踢足球。安娜听着大家的讨论没有插话。当她不小心胳膊肘碰上桌子，把红色混合饮料洒到地毯上几滴，她显得局促不安了，既内疚又不敢张扬。

艾伦提议道:"到隔壁打场垒球怎么样?"艾米丽立即跳起来说她是第一队的队长。安娜抗议说她从来没打过,接着孩子们就开始了是否应给她额外的击球机会的讨论。孩子们拿起球,边拍着走向门,边喊着:"我是投手","你跟我一队","汤米不能踢,也不能推人。"艾伦是裁判,他早已开始喜欢这次聚会了。

美好生活的开始

8
获得本领

临近第一次上学的那天到了,艾米丽和她的朋友们都感觉这一天十分关键,而且觉得自己长大了许多。全世界普遍认为 6 岁是孩子能够开始在文化技能进行系统训练的阶段,从而为自身行为和家庭承担更多的责任。在 2~6 岁之间,大脑产生诸多变化,从而使孩子的肌肉运动得以协调,并开始发展未来生存所需的思维能力。

机动性与灵巧性

当马修 6 岁生日时得到了一辆崭新的红色自行车,他便迫不及待地骑了上去。因为他早已骑过小三轮自行车了,他知道如何蹬,但现在要学的是如何在掌握平衡的同时往前行。他妈妈屏住呼吸看着他前后扭动地骑了几米,然后就沿着车道径直地往前骑了。马修所体现出的这点灵巧给我们提供了一个分析其大脑如何帮助他得以完成这一举动的机会。蹬车的能力不仅仅是从脑到脚信号传递的问题,如今,由于髓鞘的存在,连接皮层特殊区域的连接正在得到加强,它们之间的交流日益快捷。马修额前皮层形成了一种意愿驱使着自行车前行。额前皮层从后脑的视觉皮层中调出相关信息告诉他所在的位置,以便他能决定朝左还是朝右行。他运动皮层的一个特殊区域,前运动皮层为他的行动设立了次序。它命令马修的表层运动皮层向他的脊椎运动神经发射准确的信号。最后这些神经元的轴突将信息传达给肌肉。于是马修抬起脚踏上踏板前行。

为了在车道上骑车,马修的皮质需要与皮质下结构形成合作。与此同时,这些结构和皮层之间的连接也变得更强了。就像一个内置陀螺仪,他的前庭系统使他能够保持平衡，不至于从自行车上掉下来。他的小脑关注着他的所有运动，并不停地给予适当的调节。小脑是程序学习所涉及的系统中的重要组成部分，这种学习是在练习某种活动时产生的。马修第一次爬上小三轮车是两岁半，脚还只能悬在脚蹬上。他向前用劲儿蹬，但劲不够，脚蹬旋转起来，车一点都没动。试了几次之后，他才能两脚交替地蹬着往前走，从此便不可收拾了。研究表明训练能够调整小脑的线路。一旦模式形成，它的记忆是能够持久的。你可以自己感受一下。比如尽管你好几年没骑车了，只要一骑上去你就能自如了。

我们说到马修蹬车就不能不提到他的基底神经，它是对运动本身起着中间作用的大脑结构中的一部分。基底神经相互很好地关联着，它们从整个皮层接受信息，也就是说它们与计划这种高层次的运动控制因素相关连。而它们对建立非意识学习运动的控制也是有帮助的。大脑皮质与基底神经的双向连接在 3~6 岁间形成髓鞘。这些连接在孩子学习像书写这样的技能显得尤为重要。孩子先是要弄明白某种动作，而逐渐地就变成了无意识的。

基底神经对神经递质多巴胺来说有一个特殊的感受器，它是特别用来控制自主运动的化学使者。你也许听说过，多巴胺缺乏是导致帕金森病病人运动障碍的主要原因。当孩子一两岁的时候，多巴胺感受器在基底神经中的神经元树突上快速地建立起来，身体中的多巴胺水平的增长持续到 10 岁。多巴胺在体验活动带来的乐趣方面也发挥着作用。这或许能够解释为什么孩子乐于跑步、跳跃或是骑自行车了。

从涂鸦到书写

给 3 岁孩子一张纸、一支蜡笔，让他画画，你会发现你不知道他画的到底是什么，除非他告诉你。对他来讲，涂鸦意味着蜡笔在纸上移来移去，但在后来的一年中他就开始用简洁而通常的方式来画人和物了。太阳是一个周围带有四射光芒的圆。一朵花可以是由一排密密的小圆圈围绕的圆。一个人是由圆圆的头和下身是两条线组成的腿。

学前班和幼儿园的孩子们有了较好的思维工具：他们的意识变得越发的准确，他们的手眼协调能力更是不断提高，并且手指动作也更加精确。到 6 岁的时候，多数孩子能用大拇指压其他手指了，并可以用三指尖握笔写字了。用手做精细动作的能力是人类独有的。我们的拇指比猿的长，我们的拇指关节也更灵活。另外，善于做自主复杂运动程序的前运动皮层的型号也大了 6 倍。

但是，孩子们良好的神经能力体现在广泛的发展阶段，某些阶段中手工活动是真正的挑战，至少对我是这样的。这或许对你来说不足为奇，但是当我20世纪30年代上小学时，男孩女孩都要学习织毛衣，它被看做训练手眼协统的一种方法，同时也抱着培养制作艺术性与实用性兼有的产品的乐趣。我们曾经肩负着为军队战士做毛巾的任务，我勇敢地用毛衣针把毛巾的一头织成了暗灰色的，老师为我织的另一段是雪白的。每日辛苦工作的最后结果是要同老师聊上几句，我总是困惑不解那些士兵会如何看待我织的两个颜色的毛巾。

与我相比，艾米丽的朋友索尼亚非常擅长手上的精细动作。当她快三岁半的时候，她的父母，两位音乐家，给了她一把小提琴，并把她送到一位专门从事早期音乐教育的同事那儿。索尼亚极为激动，她皱着眉头，把手轻轻地放在弦上，很专注地拉着弓。她的手指活动如此恰如其分，很可能是得益于运动皮质和手部肌肉连接的发育以及和其他皮质区域的合作。

尽管运动皮质的神经元在它们生长的树突上显现出普遍增长的现象，而且手的练习也能够加速这种发育。其结果是，在训练中负责特殊肌肉运动的运动皮质区域增大，从而证明大脑是由各种各样的经历而塑造成的。对于职业小提琴手中进行过早期音乐教育的与20岁后才开始训练的人的调查案例说明了这样一种现象：接受过早期音乐训练的孩子的左手小指的运动幅度就较大，孩子大脑中进行的重要发育是左右脑半球的对接。我们已经谈到了语言和自我意识出现的重大意义。胼胝体作为左右半球的桥梁，它的作用加强也就意味着两只手的运动可以更加快速和谐统一。

皮质与皮下质之间联系的加强，小脑和基底神经起到了训练精细动作的作用，直到它们转化为非意识的运动。当我们谈论马修学习骑自行车时，我们提及了程序学习，学的同时就是在做一系列的动作。学习握铅笔或是蜡笔写字和画画同样是程序学习。自发的运动在一遍遍地重复直到它们可以流畅而自然地进行。一旦学会，它们会相当稳定。

大脑中的左右手运用

直到进入20世纪下半叶，许多教育学家还认为小学生如果用左手写字应该被纠正回来。几年后，其他一些专家，在没有太多的证据的情况下反击说训练左撇子孩子用右手写字会引起阅读缺陷。

左右手运用的基础来自大脑，这似乎在人类早期演变时就出现了。类人猿根据所做的事情，偏爱用其中的一只手来完成。他们偏爱用左手阅读，一个母猿在紧急时刻很自然地用左手去抱她的孩子,而用右手拿东西。

在任何文化环境下都有左撇子的出现,尽管发生的概率有所不同。有趣的是10%的美国人用左手写字,而韩国只有1%。这种差异很可能是由于不同文化针对训练孩子用右手的态度的差别造成的。

对运用左右手的描述,像同描绘人的性格一样,并非意味着将人分到想象出来的两个盒子里:左撇子和右撇子。如果我们画一条线,一头是左撇子,一头是右撇子;我们发现人们都是在这条线上分布着,右侧有稍微多点的比重。区分是极其不容易的,比如用左手写字的人,很可能用右手拿餐刀和扔球。

你或许会记得 15 周大的胎儿就开始较多地吸吮右手的大拇指了,而且新生儿的行走反射基本上以右脚开始。在 18~34 个月期间,孩子总是用两只手,但开始显现更喜欢用哪只手的倾向。到 3 岁时,86%的孩子更倾向于用右手。与他们手的运用喜好相同步,18~36 个月期间的孩子会开始倾向于用其中的一只腿先迈步。

在 2~4 岁期间,负责手部运动的表皮质神经元滋生出很多的树突。右撇子人的这种滋生发生在脑左半球,左撇子则发生在右半球。因为左运动皮质控制身体的右半部,右运动皮层控制身体的左半部。这一切意味着左右手运动在这个时期变得更加显著了。

遗传基因起了一定的作用,左右手的运用对特殊的智商和艺术能力能否产生不同,并没有可靠的证据支持这样的理论,细致的行为研究与当代大脑扫描技术,如正电子成像术、多功能磁共振成像和遗传模式的结合,将为我们在未来的世纪中对神奇的左右手运用问题提供更多的知识。

执 行 功 能

执行功能这两个字让我们联想起大公司中令人敬畏的行政总裁,他通常主持公司的高级行政会议、计划预算、设计来年的市场策略。某种程度上,艾米丽和她的朋友的大脑也做着同样的事。有长远的任务,如准备表演的片段,也有短期需要解决的问题,比如决定在棋盘上先走哪一步。这些步骤与行政总裁所面对的很类似,比如决定一个目标、制定实施措施、制定克服阻力的对策、监督执行、评估结果并从中为将来的工作吸取经验。额先区皮质就是行政总裁的大脑。

额先区皮质的主要功能之一是工作记忆功能,它能够从长期记忆储蓄空间中提取出某个场景的图片,把它调出来后与当前的情景相对比。神经科学家帕特里夏·戈德曼·拉基克指出工作记忆为人类提供用观点指导行为的能力,而不是只是应对紧急信号。

计划与调整计划

你不会把策划一个聚会或野餐的事情交给一个3岁的孩子,但当孩子6岁的时候,你知道他会非常乐意一起来操办的。他可以列出想要请的孩子名单,建议要玩的游戏和为他的朋友准备什么食物。幼儿时期,他还只能尝试解决眼前的问题:怎么让爸爸给他买个冰激凌蛋卷,怎样拿到你放在架子上的葡萄干饼干。现在6岁了,她可以预见即将要发生的事情并想方设法取得成功。

几周前,艾米丽就主动地为幼儿园小朋友准备表演节目。她决定告诉小伙伴有关她的花园的故事,因此她想好要带上很多东西。她要带去栽着向日葵的花盆,一包肥料和一些花籽。然后她就可以告诉小朋友们植物生长所需要的光、水和土壤,如果长得更好些还需要精心照料。

这个重要日子到来了,艾米丽迫不及待地站在全班的面前。刚开始,小朋友们饶有兴趣地看着她,但不一会儿,当她介绍肥料的时候,她意识到同伴们的注意力有所转移,他们纷纷移动着交头接耳起来。艾米丽决定改变计划,便拿出了她种的花生。当伙伴们见到还带着根茎的真正的花生,他们都兴奋了起来。艾米丽非常欣慰。

艾米丽了解她的演示是全班各个小朋友都要做的展示项目的一部分,她能够提前做很多准备,当发现伙伴们失去兴趣时能够调整策略和她的初始计划。她认为自己的项目是成功的。

艾米丽的任务与两岁的索尼亚的木板拼图有什么不同呢?索尼亚的"管理器",她的前额皮质帮助她把精力集中在她的任务上,把目标牢牢记在心中,但她的问题明明白白地摆在她的面前,她用尝试错误的方式在解决问题。而相比之下,艾米丽的控制功能提升到一个具有多种新特色的更加高效和多样化水平了。

打开注意力大门

我们医院里一位实验室工作人员5岁的儿子经常来医院等他妈妈下班。站在实验室门外,徘徊在楼道里他留意着每个房间的名称和号码。小克里斯托夫选择了他的环境中这一独特的争夺印记的方式,运用足够长的时间专注在这一任务上,并将其存储在记忆中。没用几周,他就能把所有的名称和对应的门牌号背了下来,甚至可以骄傲地将信息传达给准确的"地址"。

解决问题和完成任务的途径是注意力,掌握好同时进展的两个过程的平衡是关键。孩子要能够选择并集中于某种情况相关的方方面面。他应当是机敏的、有悟性的,与此同时要能够过滤出来,或是主动舍弃那些背后无关的刺激。并且他要将这种状态保持相当一段时间。

注意力是与大脑许多结构相关的复杂的网络性工作。正像我们所预见的,额先区皮质起到监督的作用,因为我们已经知道它对工作记忆的重要性,是让记忆被使用时在线的一种能力。额先区皮质规范着工作网络其他部分的交互。

注意力和工作记忆的关键是多种神经递质相互巧妙的作用。一些神经递质指示神经激昂,而另一些却要你泄气。如果我们把神经比喻成乐队的成员,那么神经递质就是指挥发给乐队成员的信号。比如,他会示意鼓马上停下来,小提琴缓缓起来。如果他所传达的信号有误,鼓声可能会占上风或是小提琴根本就没表现出来。

多巴胺是调节神经活动的信号员之一。多巴胺功能被干扰将会导致多动障碍。另外重要的神经递质叫做神经肽 Y 或简称为 NPY。通常在形成小电路的神经上会发现 NPY,它们会在兴奋与消沉的情绪中找到平衡。它们涉及情感和工作记忆,因此在思维和情感中形成重要的连接。NPY 的数量在 4~7 岁之间急剧增加,成人的 NPY 模式在 8~10 岁之间就形成了。

观察与推理

当孩子到 4~5 岁的时候,多数孩子认为任何事情都是有理由的,并且都想弄清楚。他们源源不断地提问说明了他们的思维方式是随着成长而变化的。幼儿对事情做自然的联系,他们或许认为一个微笑伴随一个"请"字会令他们得到一个气球和一块饼干。4 岁的孩子不仅存储着更多的记忆,而且他们比幼儿时期更能运用取得的知识来适应新的环境。他们开始运用演绎能力,这是高于在幼儿期间所自然产生的推测力的连接联想。4 岁的孩子知道图画书是要花钱买的,他们推算得出 3 本图画书比 1 本要贵。他们或许会问为什么书要花钱买。

孩子不仅问问题,他们也利用自我观察来系统地发现原因和结果。孩子可能会把一个钉子放进一杯水里看它是否生锈,把一块积木扔进湖里看是否能漂起来,或是紧握一个鸡蛋看是否会碎。幸运的话,他可能会先问你。

孩子对知识的渴望和不可思议、毫无边际的想象力总是令我们吃惊。教育家们梦想找到能够在学校,乃至终生保持这种热情与好奇心的钥匙,但是正像哈佛·加德纳在他的书中指出的:"学前思维"是有局限性的。模式化的思维倾向和对简要解释的满足是孩子有限经历的代用品,这是可以理解的。但是,如果孩子想从获取知识到对知识达到真正融会贯通则需要超越这个层面。

策　略

策略一词并非意味着让我们联想起部署部队或是广告商对消费者势在必得这样的场景。它可以用来形容任何想要达到目标的系统行动计划,甚至包括像移动眼珠看物体这种很基本的事情。

伊莱恩·沃派洛特测试了孩子在进行视觉简单活动时的眼睛运动。她给孩子看两个线条画成的房子,问是否一模一样。年龄小一点的孩子,大约两岁半,很随意地看了看;而6岁的那个很系统地从房子的窗户到门一一仔细看过。他们就是运用了"某种策略"帮助他们完成了这个任务,使他们能够更好地判断房屋的一致性。他们没出多少错。

也许你曾经悠闲地读着杂志上登载的读者娱乐游戏。你会拿出一支铅笔,甚至钢笔把它做出来吗?威廉·加德纳和巴巴拉·罗戈夫在一组孩子面前展示了其中比较简单的一种迷宫游戏,3岁的孩子只是拿起笔就画,而4~5岁的孩子首先用眼睛先过了一遍,试着找出正确的途径。当孩子上学时策略突显出其重要性。罗伯特·西格勒针对孩子的思维作过正式的分析,告诉我们,孩子通常要尝试多种策略和思维方式,而不仅仅是一种才能解决某个问题。多种策略相互并存直到他有足够的背景知识来决定哪一种最适合当前状况。值得关注的是失败和成功都会给予启迪。孩子们的一个错误将会使他们考虑后续某个特殊任务所应注意的地方。

早期运用策略的易变性与以后的学习是有关联的。能够运用大量策略并能够在解决问题当中不断纠正自己的孩子,求知的能力就更强。西格勒建议鼓励孩子发展策略的可能方法之一就是要问孩子正确的答案为什么是正确的,错误的为什么是错误的。这样不仅把注意力放在结果,同样也放在了得到结果的过程中。

3~6岁的孩子经常使用自言自语这个策略,或是用"窃窃私语"来指导他们的行为。这种窃窃私语执行着重要功能,它帮助孩子组织自己的思维,让思维集中在孩子正在做的事情上。自言自语,有助于孩子通过适当的步骤并做相应调整从而完成自己的任务。通过重复,逐渐习得这些步骤。窃窃私语还可充当孩子的"拉拉队长",告诉他一直做什么,试试其他方法,或是像个小火车,令他坚信"我想我能行"。一旦某种任务被掌握了,对窃窃私语的需求就降低了。当孩子们开始上学后,他们就抛弃了大声自言自语的策略,因为他们掌握了新技能,比如书写或是算数。

灵　活　性

正像俗语所说:犯错乃人之常情。如果不能纠正错误,那么再好的策略也是徒劳的,只能换个新办法。布鲁斯·胡德和他的同事们对孩子们发现错误,尝试新路的能力进行了调查。研究人员准备了设备,它是由一个顶部有三个烟囱的能打开的长方形框架和在其下面的 3 个盒子组成。一个不透明的管子从一个烟囱中伸出来连接远处的盒子。当实验员将一个球扔下烟囱,不到 3 岁的孩子在那个释放点下面的盒子等着这个球。他们以为球会垂直落下。当试验人员换成一个透明管后,他们可以看到球的下降,并在正确的盒子中发现球。但是,如果再换回不透明的管子,他们依然不能总结出规律,还是在烟囱的正下方等着球。他们觉得应该在那儿。6 岁以上的孩子能够不太顾及这些,脑子跟随着不透明的管子。他们可以同时关注它们的行为和结果,并做相应调整。

6 岁的孩子通常比年龄小的孩子更有灵活性。仅仅回想一下,从前当你想把睡前故事做点变化的话,会发生些什么。3 岁的孩子是不期望有变化的,这或许是因为他们对事实产生的顺序已经习惯了,并想保持这种顺序。泽勒兹、弗赖伊和拉普斯让孩子们从一堆图片中按颜色或形状分类。做了一会儿之后,研究人员让他们运用一种新规则。比如,如果刚才用颜色分类,现在改为用形状。3 岁的孩子能说明白这个规则,但仍继续用老规则。而 4 岁的孩子就能用新的规则了。

吸取经验教训

我曾经认识一位心地善良的母亲,她会竭尽全力使她的孩子避免受到任何负面影响。每当小斯蒂法妮忘带了体操鞋,她就会打个车赶紧送到女儿的幼儿园,打车对于她这种境况的母亲并非是小花销。类似这样的诸多事情剥夺了小斯蒂法妮自行解决问题的机会。而对于她这样的孩子来说学习自己解决问题并非难事。当她的同伴们在跳舞排练时她完全可以独自坐在凳子上呆半个小时;她也可能有半小时不太高兴,但是她同样经历了由于自己忘事而引起的后果。带上体操鞋是她自己的责任,这将助于她增长本领。

从自己积极与消极的选择后果所学到的知识将有利于孩子们将来避免有伤害的冒险行为,有利于孩子今后从事花费较长时间才能达到目标的职业。为你的孩子提供这样宝贵的锻炼机会吧。

额先区皮质的主要角色

在孩子执行功能和学习能力发生大跃进期间,额先区皮质起着中心作用。我们对额先区皮质的了解来自这部分受过损伤的病人。前额皮质在童年时期受过损伤会在依据已知信息而进行的推理方面出现后遗症，或是在执行功能方面出现缺损。有这样一个例子，一个小男孩在 4 岁的时候前额被锄草耙碰过一次，5 岁、6 岁和 7 岁所进行神经心理学测试都说明他的智力超过一般水平。但是，他在计划性、解决奇妙问题、做推测和边做边学方面存在严重问题。这说明额先区皮质在这些功能的网络中起着至关重要的作用。

对有脑损伤的病人所进行的研究表明前额叶同样作用着情感网络。马里兰大学的林恩·格拉顿，宾夕法尼亚州立大学的保罗·埃斯林格和爱荷华大学的安托尼·达马索、丹尼尔·特拉内尔和汉娜·达马索曾报告在 7 岁前前额叶受到损伤的成人在认知和运用执行功能方面是存在障碍的，而且感情容易冲动。他们的情绪易出现波动，不愿承受挫折和不具有同情心。他们的缺损令他们很难控制住情绪和友好地与他人交往，因此他们容易被人认为是局外人。

额先区皮质的快速发育

童年早期是额先区皮质密集形成的时期。在头 3 年，额先区皮质上的神经元生长出无计其数的树突。同时，叫做"棘"的微小突出物在树突上出现了，为其他神经元提供突触的空间。突触的数量激增，在 3 岁和 3 岁半时期达到一个高峰。这个数量是孩子长大后应该有的数量的 1.5 倍。

对思维产生重要影响的生物化学变化在前额皮质也发生了。包含乙酰胆碱和记忆形成有关的神经递质的独特神经元开始出现了。细胞也出现在联合皮层上，在这里感觉输入汇总在一起，并将大脑中其他区域来的信息全部放在一起。细胞的数量直到青春期持续增长，甚至持续到老年。这些神经元的迟缓而延续的发育对人类来说还是很独特的。

发现额先区皮质中活动增加的办法还有是通过测量脑部所消耗的葡萄糖数量。额部皮质葡萄糖消耗量最大时是在 2~4 岁，表明该处此时正处于大量构建时期。

额先区皮质由于两半球之间连接的快速加强而得以提升。连接左右脑前额网络的胼胝体最快的发育时期是 3~6 岁。

有关激增和调整

几周前我的一位婶婶从加拿大打电话来紧急咨询。她的儿媳要送 3 岁的孩子去托儿所，她不顾一切地想让孩子千万不要错过"刺激孩子认知发展的关键期"。她担心这个机会会错过。

有时我们被孩子 3 岁半前所发生突触的激增兴奋不已，这时额先区皮质达到最密集程度。这容易忽视发生在以后的极为重要的机构组织。这个增补修饰阶段持续到19岁，突触的消失比新的增长要快，这是一个非常珍贵的学习期。与繁荣期相比，正是在增补修饰期新技能的训练才突显其重要性。大脑结构的变化非常依赖于经历。大脑的发育为不断复杂的智能提供了基础，而且这些新技能同样也加速了大脑的发育。

记忆的形式是不同的

　　艾米丽的老师对她能够记住植物及其生长条件感到吃惊。每到周末，艾米丽就在车库旁边的花园里给爸爸帮忙。当她递给爸爸工具，用泥铲挖土播种时会提各种各样的问题。她以这种方式所获得的知识是令人惊讶的。艾米丽关于园艺的知识叫做"明确记忆"，它可以是词汇和事实(语义记忆)，或者是事件(即时记忆)。随着语言技能的发展，孩子明确记忆储蓄也一同发育。

　　当艾米丽逼迫爸爸回答她的所有问题的时候，她的大脑充满了她爸爸给她的新信息。当她听到一种花的名称，这则信息便进入她的记忆短期存储器。她的海马帮助她将这则信息保存几小时或几天，直到被转化为大脑皮质的长期存储。

　　当艾米丽再看到这种花，她的工作记忆便调用以前的影像，使其在线与当前看到的花做比较。工作记忆的发育体现在6岁孩子要比年幼孩子更能立即分清两个类别或是内心的不同感受，从而权衡新的信息。

　　工作记忆自身十分奇特，而存储记忆同样十分重要。实验证明当孩子运用以往经验能够更好地解决问题，这时他们对条件和方法都已经熟悉了。随着长大，孩子大脑处理信息的速度加快了，同时记忆的存储量也扩大了。

　　海马是记忆形成的主要参与者，在孩子幼儿阶段经历了快速的变化。海马的神经元生长出极为复杂的树突，它专门从事记忆形成中特殊的电活动。另外，海马、皮质和边缘系统之间的连接在2~3岁得以快速的形成髓鞘。这些感知区域的重要性说明了为什么情感是粘贴"记忆"的糨糊。艾米丽非常喜欢在花园里帮爸爸的忙，因而就愿意学新花名。当然，消极的经历也可以充当糨糊。艾米丽不会忘记由于她转弯太快而从自行车上摔下来过。

　　如果我们仅专注在孩子们主动记忆和报告，那么我们就会忽略了大量无意识产生的认知学习。也许你没有留意电视上关于谷物食品的广告，但去商店时，你会自然地伸出胳膊去拿在电视上看到的品种。这种记忆属于"隐性记忆"，没有必要刻意去储存或有意识地回忆。隐性记忆对习惯的形成具有有力的影响，它的数量远远胜过明确记忆,但是两种记忆共同作用从而影响孩子的行为举止。

佐治亚州和北卡罗来纳州的保尔·费希尔和他的同事们就实际暗示的隐性记忆的研究做了一个研究报告。研究人员给孩子们看从不同来源收集来的印刷商标,这些标志既包含针对孩子的产品商标,也包含针对成人的,甚至包括两种香烟的商标。孩子被要求用图片与商标一同拼成广告中的商品。重要的是商标卡片上没有相应的产品,比如,万宝路商标上没人在抽烟。有三分之一的3岁孩子能够把乔·卡姆尔与香烟搭配在一起,而6岁孩子的比例则达90%。研究人员对孩子们认出麦当劳的拱形和雪佛莱标志并不感到惊讶,电视上的汽车广告比比皆是,孩子们也吃过麦当劳的汉堡包。但是香烟的广告没有上过电视,可到6岁时,他们就能像认识米老鼠那样认出乔·卡姆尔。

这个实验体现出隐性记忆的能量。孩子尽管没有特别学习过通常的品牌标志,但他们无意识地从家人、看护人或朋友那儿接收了这样的信息。同样,他们也从他们的角色偶像那儿接受了情感、态度与习惯。

童 年 的 记 忆

试着回想一下你很早的童年经历,那些在照片上或是无人告诉给你的能够记住的事。这样的事应该不会是两岁以前发生的:大多是3~4岁的,很可能是刚上学那阵的。我们看到6个月大的孩子能够记住一个旋转把戏14天,并形成记忆。为什么这么小的孩子都能形成记忆,可成年后却回忆不起来呢?

很多形成过去事件记忆的因素后来是可以着意回想出来的。这是早期童年的关键性发育。随着孩子的成长,他能够储存更多的记忆,积累更多的经验。自我意识的萌芽使他能够将所发生的事件与自己相联系。随着对更加复杂的推理能力的增强,帮助孩子形成联想并运用到新情况中去,从而增加了作为引起回忆的线索。

能够运用语言为孩子提供了以某种形式进行分类和储存印象的方式,以便他们自行回忆起来。研究表明如果孩子能够表述出发生的事情,以后就很可能回忆起来。如果他能够与大人讨论这些经历,他便更容易提取出这部分记忆。

智能的集合会是神经系统中建立自传记忆的基础。儿童两岁后,自我意识、推测力和语言在左右半球处于急剧连接的状态便展露开来。

明尼苏达州立大学儿童发育研究所查理·纳尔逊的研究表明,婴儿无法从记忆储存中回忆可能是由于在大约4岁之前,其额部和颞部皮质还没有达到必需的熟度。而到4岁时,一个关联良好的神经网络将脑半球内的皮质区结合得更紧密了。

自传记忆多是关于孩子而不是画册中的故事。能够回忆起从前自己所经历过的事情是对世界和人类形成观点的基础。

想象力

随着孩子不断扩展他的语言能力，提高思维的复杂性和集合越来越多的记忆，他们将展露出溢如泉涌的想象力。6 岁的斯蒂文和索尼亚已经决定要到火星去探险。斯蒂文搭好几个木凳当做火箭，索尼亚从厨房拿了些豆子和葡萄干带着当食物。他们都戴上自行车头盔准备起飞。他们开始倒计时并模拟火箭飞行的噪声。不一会儿，他们便来到太空中，并降落在一个新行星的表面。他们出来行走，拿着他们的"太空食品"。在转弯处，他们遇到了还算友好的古怪的外星人，甚至还会说英语。

斯蒂文和索尼亚能够超越他们的局限，他们的世界在延伸。他们是用一些符号来表现的，用一种物体代替另一种。凳子当火箭，语言也可以当做符号。斯蒂文还告诉索尼亚他们正在进入太空，他能够看到远处的红色行星。索尼亚完全能明白，因为他知道他的话所代表的意思。两个孩子用语言构建了一个完全虚拟的情景并超越了时空的限制。

自 14 个月大的斯蒂文拖着积木在地板上当汽车和 18 个月大的索尼亚给她的小熊吃饭、哄它睡觉，两个孩子走过了漫长的过程。3 岁的孩子就假装自己是大人了，玩过家家。如今，6 岁的斯蒂文和索尼亚正在运用他们的想象力表演一系列在现实生活中还未见过的节目。他们能够创造故事，不仅仅是现实本身，而是他们想象出的可能的事实。

寻 求 答 案

就像学前班孩子想要掌握一项任务所具有的那种强烈的愿望，孩子们同样对进一步了解周围世界充满了激情。他想揭开每件事背后的起因。4~5 岁正是孩子不停地问为什么的年龄。有些孩子不断以询问的方式向父母发出挑战，从"我为什么不能先吃甜点"？到困扰着哲学家几个世纪的有关生命之谜的问题。

这里有个例子，说的是一个 5 岁半小男孩，在家里他们经常讨论自然科学的话题。他曾在幼儿园听说了"上帝"。

丹尼尔：谁是上帝？是不是生活在天上看谁淘气？如果我们乘上大火箭能去看

他吗？他很小吗？我们可以用望远镜看到他吗？

　　妈妈：不行。他是神，无处不在，但你看不见他。

　　丹尼尔：上帝是气体吗？

　　父母应鼓励提问题并根据孩子的年龄给出一定的答案。4岁的孩子只需要简单的解释。如果他问为什么月亮能发光，只告诉他是因为太阳照在它上面就行了。6岁的孩子应该鼓励他们自己找出答案。如果他问为什么要学算数，你不妨让他自己想想它的用途。父母可以建议孩子从不同的角度看问题或是从他人的角度看问题。

皮质区的交流

　　孩子思维过程不断增加的复杂性背后是大脑皮质不同区域相互交流的能力的不断提高。交流提高的原因之一是因为皮质连接的长纤维开始形成髓鞘，效率更高。另一个原因是不同区域的电活动变得更加同步了。

　　脑电图技术表现出孩子成长过程中电同步是如何变得更加准确的。当我们谈论婴儿如何学习观察东西时，我们提到了特殊的高频电模式——伽马射线。将视觉影像汇总在一起非常重要，这是涉及全部视觉皮质的过程。图像的元素在32个视觉连接皮质都有体现。大脑需要把它们组合在一起而形成画面。如今经常谈论的理论是一贯性。根据这一理念，一组图片单个元素代表在同一时刻以同一频率发热。神经元组的"合唱"将影像元素组合在一起达到对图片的认知。神经活动如何产生真正的影像是最后一步，这依然是个谜。有意思的是当人们观察一幅图片时所显现的高频伽马射线，在他做梦的时候照样能够观测到。

　　一贯性的原则不仅适用于将视觉影像汇总在一起，同样适用于从皮质多种专门区域而来的信息之间所形成的连接。不同皮质区的神经组以一个频率同步放电。当孩子要去抓一个玩具时指的是视觉区和行动区，如果是孩子回忆某段几周前听过的旋律时指的是声音区和额先区皮质。引起神经元组集体放电的活动不仅令一组细胞之间的突触更加强壮，同时令不同皮质区的长线交流更加有效率。

　　一贯性的提高反映了不同皮质区间联合的加强，而且是对于通过新连接来进一步认知的神经基础。孩子的脑电图测量表明前额与后叶之间的一致性在学前和小学一年级阶段加速提升。

　　有唐氏综合征的孩子在一致性方面没有显现出很强的爆发，说明皮质结合对这些孩子产生了某种作用。

动机

我们无法将探索归结在学前思维和行为上,而不考虑如何激励孩子解决问题或掌握新本领。我们可以想一想"动机"这两个字,它与拉丁文中的"移动"有关,像是一个支援孩子不断掌握和发现的机器。幼儿已经表现出自我完成任务的欲望,并从中得到某种程度的技能。

艾米丽生日聚会后的几个星期,妈妈们在当地的一家咖啡馆聚会。当索尼亚的妈妈骄傲地说不必再提醒她练习小提琴,斯蒂文的妈妈直叹气。斯蒂文闹了好几周他们才给他买了架子鼓作为生日礼物,可从那以后它却一直待在墙角落满灰尘。他妈妈叹息他来得快去得也快的热情。索尼亚显露出了不同反响的毅力,或许是因为与生俱来的独特本领,她的例子充分表明了学前儿童技能发育状况。

学前儿童将逐渐成为他们自己的批评者。他们较从前更欣赏自己的表现,对技能提高带来的挑战游刃有余。体会自我成长会带来成就感,同时为他们迎接新的任务提供了某种动机。

索尼亚也从自己活动中获得了强烈的乐趣。她一边玩,一边专注于手指的准确动作,孩子专注于自己感兴趣活动的程度是惊人的:他们可以完全沉浸其中,对周围发生的事完全忽略。

美国心理学家米哈里·斯克岑米哈伊称这样状态为"沉浸"。他曾对成年人的创造力进行过调查。如果孩子们能够将自己沉浸在做活动的无尽的快乐中,这种乐趣会激励他在未来追寻同样的活动经历。他们日后不容易对无意义的事情浪费时间。

对动机来讲最重要的是认知、情感和执行系统的紧密结合。兴奋情感区域对执行活动的欲望产生影响。

思　考　题

何时开始对儿童进行音乐教学？

关于儿童早期音乐训练是否有益于其他能力的获得，这种讨论不计其数。这是一个令人好奇的问题，必将在今后的诸年间运用行为研究与现代影像技术相结合的方式来进行追踪。当前，科学证据不足以支持其具备具体而实际的长处。但是，我们的观点是支持基于孩子目前发育状况的音乐训练的。通过参与音乐节目，可以训练孩子的听力、发展他的韵律感、训练记忆力、学会专注于与他人合作。孩子从动手弹琴、听音乐，从中体验的乐趣是最重要的。音乐是人类生活的基本组成部分，人们应该欣赏音乐。

开始指导性的音乐教育决定于孩子自己弹奏乐器的意愿和他发展此项技能所带来的满足感。训练可以促进手眼动作的协调和手指运动的控制能力。但是，一定要考虑孩子精细小运动能力的发育阶段，再决定学习哪种乐器，何时开始正规训练。

左右手问题我该做点什么？

通常很难讲你的孩子是左撇子还是右撇子。孩子们或许用一只手吃饭，却用另一只手拿铅笔或是扔球。如果你的孩子一直喜欢用左手，那么帮助他找到一个最好的姿势来写字。因为研究表明了左撇子和意外事故的发生率有一定关联，这也许是源于世界是为右撇子设计的。那么一定要帮助左撇子孩子学会用刀和剪刀，要特别强调安全。

如何上学？

几个世纪以来，什么年龄开始进行系统的训练一直经历着变化。清教徒认为让两岁的孩子读圣经是保证孩子免于夭折能够拯救他们灵魂的基本方法。19 世纪卓越的教育家则认为，过早的阅读会导致大脑的损伤和神经错乱。

尽管教 5 岁,甚至更小的孩子读和写是可能的,但是这种死记硬背式的学习不利于鼓励孩子有效地解决问题或是概念的发展。学习的欲望应该来自孩子自身。孩子自得其乐的时候,对某个话题的特殊兴趣是激励孩子去探究的强大动力。如果孩子对恐龙感兴趣,给他一本有简单文字的恐龙画册。你也不妨带他去图书馆让他自己去选书。

比死记硬背式的学习更重要的是孩子对学习产生的一系列基本态度。这是可以举一反三的,他是否喜欢阅读、绘画或听音乐?是不是总想问为什么?

孩子们乐于完成具有挑战性、需要精力集中和付出努力的任务。家长可以根据孩子的智力水平来进行调整,从而使孩子保持兴趣度,例如,可以通过调整游戏规则让孩子能赢,从而保护他的兴趣。自身的本领能够令孩子充满信心地去迎接新的任务和挑战。

对多动孩子是否考虑药物治疗?

有些孩子很难坐着不动和全神贯注。在确诊注意缺陷多动综合征之前有必要进行细致的临床检查。并不是所有精神不集中或是多动的孩子都是注意缺陷多动综合征。据估计这种失调大约占在校小学生的 3%~10%。

被确诊为注意缺陷多动综合征的孩子,初期的治疗是心理方面的,用温馨的环境并运用行为技巧帮助孩子学会集中精力。如果心理治疗还不够,就要使用药物治疗。关键的是家长要持有一个开放的心态,孩子也许是由于在学校成绩不好或是被同学嘲笑而感到难为情。适度的药物或许会给予他发展自我本领的机会并塑造自信心。但是,重要的是医生要仔细控制剂量,并经常观察孩子的状况。

如何激发孩子的动机?

对像斯蒂文这样缺乏毅力的孩子,家长该怎么办呢?开始,要限制他分心。观察他到底喜欢做什么,花时间多陪陪他。对他的活动表露出兴趣,比如,让他在架子鼓上敲出进行曲。对他的努力给予赞扬十分重要。而且,赞扬要诚恳。如果称赞过度,就会毫无意义甚至有害,这会令孩子认为不值或是过于依赖赞扬。

幼儿玩手提电脑?

无论我们是否被电脑所吸引,它已经成为当今世界存在的事实。从积极的意义上讲,电脑是当代社会的工具,熟悉电脑就像要习惯书和笔一样。电脑对教授个人技能方面具有突出的优势。对学习字母或是算数步骤有困难的孩子可以自行在电脑上练习,并得到奖励。电脑有永无止境的耐心,而且不带有任何情绪,公平合理。

有些游戏包含理解任务(发现区别),记忆力练习(哪里有宝藏),要求精力集中,反应迅速,手眼配合或是冲动控制。如果两个以上儿童一起玩,电脑可以使他们边玩边讨论,鼓励他们用语言讨论方法并共同解决问题。

最突出的负面因素是孩子们玩电脑的同时放弃了很多其他重要的事情。他们不阅读、不在纸上画画、不再弹钢琴或者也不再跑步、跳高或是进行户外锻炼。他们需要用与他人玩耍的机会来提高语言和社会能力,并训练自己的想象力。对这个问题一直在进行着探讨,那就是电脑游戏是否只刺激了大脑中的视觉运动区域,而重要的学习、记忆和情感区域却没有得到训练。

年幼孩子们的视觉系统仍然处在发育过程中,他们需要训练各种各样的手眼配合,而不仅仅是点鼠标。《无法连接:电脑是如何影响孩子的大脑》的作者简·希利指出:孩子或许不愿意用彩笔和蜡笔,因为他们的画在电脑中显得更好看。

家长应当监督孩子所玩的程序或是游戏的内容。他们正在接受什么样的信息?许多电脑游戏使用暴力来作为解决问题的最直接的办法。在游戏中解决问题的速度比思考行动的后果更加重要。残酷是可以被接受的,因为不用对受害者的死亡与受伤给予任何的同情。游戏成功的背后原因是好卖。正像索尼公司录像游戏部的研江野所说的:"恐怖游戏比爱情游戏好卖。"作为社会公众,我们应该自问为什么? 作为家长我们应当向孩子和娱乐产业解释为什么某个产品是不能接受的。

我该如何帮助孩子解决问题?

你可以不时为孩子提供支援,为他的认知提供环境和条件,而不是帮助他解决问题。这就是所谓的脚手架。这个词表明适当地调整活动的要求,让孩子通过战胜困难,并随着他独立解决问题能力的提高而逐渐地脱离家长的支持。让我们假设4岁的孩子拿着坏了的玩具汽车找到你。如果他没告诉你其原因,问问他是怎么回事,也许是电池没电了。你可以看着让他来换电池。他也许比你还会打开电池槽,如果不行,"与其说电池应该这么放",不如让他把电池放进去看车能不能走。如果不能走,问问他还能怎么试一试。你的关注鼓励他继续坚持,最后他或许就自己解决问题了。下一次电池没电了,把新电池给他,他自己就会换了。

9

共同生活

"我们去看看每个人吧。"普儿说。"因为当你在风中走了很久，突然走进别人家的房子，对方说：'你好，普儿，你正好赶上吃好吃的。'你会感到这真是充满友爱的一天呀。"

普儿及时而善良的建议体现了聚会的巨大吸引力。随着孩子从幼儿长到小学生，他们便体会出在生活中与他人交往所带来的不可抗拒的温暖感受。属于某个团体的欲望造就了他们的社会行为。他们渴望聆听周边人的语言，并运用它们来交新朋友。由于他们的圈子包含家人之外越来越多的人，他们在学习如何将自己的行为举止适应更广范围的人群。同时，他们逐渐学会减少父母控制来指导自己的行为。

合 群

当初学走路的孩子刚刚意识自己是人的时候，而到了学龄前他们就开始意识自己是不同团体中的成员了。他们甚至开始将自己与圈外的人用穿着特殊的服装加以区分，参加特别的活动或是发明某种秘密的"语言"。

这是友谊的萌芽时期。亲密的结合是可能的，因为孩子们不仅能够较好地理解他人的情感与态度，而且能够运用语言表达自己。结识朋友能够令孩子有机会体会同龄团体所给予的支持。孩子的忠诚感和相互的义务从家人扩展到他的新团体中。

在 5~7 岁之间，孩子们开始对他们的玩伴在力量、身高、长相、本事和自我拥有等方面做比较了。孩子们当初与家人和家里的大孩子交往所发展起来的初步标准,如今运用到与同伴的交往问题上了。拥有变得非常重要,他们对同伴的观点态度表现得非常敏感。

"斯蒂文在与汤米玩之前一直是个活泼、乐于助人的孩子"。孩子们的确彼此学习并经常模仿对方的行为。但是,千万别忘了他们会主动选择伙伴的。斯蒂文需要父母帮他搞清楚他不能随意模仿汤米的哪些行为。

孩子通过日常生活中的经历懂得属于某个较大的群体要求具备他与家人所经历的同样的事情:按次序行事、与他人分享、帮助他人完成任务并在他人悲伤时给予安慰或是慰问。仅仅在场是不够的,仅仅完成任务也是不足的。最大的满足感来自被他人所需求。有机会体验作为群体中一名重要成员,这种参与得来的奖赏是孩子建立自尊心的重要因素。

孩子的某些行为清楚地建立在自己的兴趣上。按次序行事意味着当时机来临就会轮到你。孩子会送给小伙伴一个小礼物,并希望和他一起玩,并有个模糊的想法在将来也能收到一个类似的礼物。这就是日常生活中的礼尚往来,对成人也并不陌生。但是,孩子们同样有无私的行为,做那些对自己没有明显好处的事情。这可以是安抚受伤的伙伴、为患感冒的妈妈采一束花、为爸爸找不知放到哪儿的钥匙。他们会表现出令大家高兴的行动。这一反应的先决条件是他们感受他人情感的能力和给予同情的能力。

除了同情之外,孩子们会感到真正的"关心"。他们想通过做些事来适应境况。这意味着他们将自己暂时放在一边,将视线集中在他人身上,从自我为中心的观点转为要包容更大群体的利益。心理学家戴维·汉堡声称在童年时期学习到的关心社会的行为会对他一生建立人际关系打开一条宽阔的道路。

关心社会的行为并非自然发展而来的。一位朋友讲述了他年幼儿子的故事,这比任何理论都较好地说明,如果父母不加强指导,孩子自我为中心的意识就会加强。这个男孩下学后在杂货店帮忙赚些零花钱。他的所有开销都是由父母承担,而且还为他储备了一笔不小数额的大学教育基金。该男孩好吃,所以时不时会为自己买个大号多汁牛排,而他父母都舍不得买。当他妈妈为他煎好牛排后,他会在全家人面前毫无顾忌地吃个精光。他认为是自己买的,这样做理所应当,他有权自己食用。令我吃惊的是这对父母并未做声,没有告诉他作为家庭成员应当如何行事。无论在家里、在幼儿园还是在学校,分享和关爱他人都是需要锻炼和鼓励的。

表达与聆听

孩子不断发育的语言能力为他们在群体中增添了新的发展空间,并有助于建立亲密的人际关系。到6岁时，孩子的话就能够被周围的人所听懂了。他可以用讲故事的方式表达出从前发生过的事情和明天想做的事情。这种能力帮助他回忆事情并从中积累经验。孩子们使用语言的目的是多样化的，例如告知信息（我现在要去浴室了）、要求些什么（请再给我来一块蛋糕好吗）、要得到重视（妈妈，看这个）或是分享笑话。

6岁的孩子能够表达情感、意愿和因果关系了。他们会说："吉米的爸爸明天就要回家了，他很高兴。"或是"苏西的娃娃坏了，她伤心得直哭。"此时，孩子的语言完全能够精确地表达像美丽、愚蠢或公平这样的抽象概念了。他们能够讨论简单的两难选择了。

交流是双向的。使用语言意味着听与说。孩子们不仅要学会更加准确地表达自己的想法和感情，还有对他人言论做出充分的解释和回应。为孩子提供练习来回对话的机会使他们在多种社会环境里语言运用能力得以提高。在当今飞速发展的年代，孩子们语言技能提高的最好途径是在吃饭的时候能够济济一堂。

公　平

"汤米打我！""艾米丽偷了我的钢笔。""斯蒂文的蛋糕块大。""这不公平！"孩子们像最高法庭那样谈论公平。他们不禁重复着大人们用的词。学前的孩子们自己发现生活在一个群体中有义务守规矩并与他人友好相处。

在竞赛游戏中我们可以看到他们的行为。他们对规则有着很强的意识，作假和没有在组内达成共识而改变规则是"不公平的"。如果当中有人没有遵守既定的系列规则，那么游戏小组可能就不让他继续参与了。

在学习规则的同时，孩子们也意识到共处意味着要考虑比规则还要多的事情。他们开始发展道德意识，并开始将权利与需求作为道德两难取舍的考虑范围之内。

金伯利·怀特·卡西迪、琼查·朱和凯瑟琳·达尔斯向学前孩子展示了系列情景，让他们由此作出"符合道德观"的决定。有这样一个例子，两个男孩坐在医生的候诊室里。第一个男孩很耐心地等了已经很长时间了。护士正要叫他的时候，另一个男孩手臂受了伤进来了。他呻吟着，满脸是泪。

当研究人员问孩子们，这时应该先让谁去看医生。他们认为第一个孩子有权先进去，因为他已经等了很长时间了。但是，他们又感到第二个男孩的情况更紧急，应该先进去。孩子们能够看到公正和关爱两方面。他们可以明白规则，同时了解另一个男孩的需求。研究人员在男孩女孩中所做的调查没有差别。

听到这个故事的孩子们愿意接受一个人的需求可以优先权利来考虑,这表明他们对于正误的意识是基于对有需求人所具有的同情心。

从 3 岁开始,孩子就产生出对他人情感的真实意识。这体现在身体上受伤害或是损害他人物品,以及说了令人伤心的话而引起对他人的伤害,他们会感到内疚的。

在孩子快上学的时期,他的道德意识包括他会出面制止对他人的伤害。如果看到有人欺凌弱者,他会感到那个弱小的孩子需要帮助。但是他对出面制止会感到害怕,因为那个欺负人的人比较强壮。这时他为自己没能帮忙而感到内疚。

孩子们意识到道德标准这一事实,并不意味着他们能够经常遵守这个标准。但是,他们能够理解和明白感到某个行为是错误的。我的一个朋友告诉我当他还是个孩子时令他记忆犹新的一件事,他有个爱拿弟弟玩具的毛病。当爸爸逮住他,并把他重重地放到凳子上,盯着他的眼睛说:"想一想!"从这句话中表示了他对他儿子能力的信任。这是他永不能忘的一课。

克服偏见

巫婆是不好的。你会怎么回答?是好的、坏的或是可能吧?很小的孩子会立刻回答"是的。"能够这样墨守成规地思考问题对事物的演变倒是有帮助。你不会有时间想到野熊是否要吃掉你或是迷惑拿着木棒的陌生人找你来干什么?对于婴儿和刚会走路的孩子来说,简单的分类对于孩子早期认识新迹象是有帮助的。但是,随着孩子们越来越深入到充满个体的复杂世界中的时候,这种有限的思维方式变得有障碍了。

一个运用神话故事情节,设计巧妙的实验表明,在学前班,孩子们能够逐步地脱离古板和简单的陈规。威斯康星大学的辛西亚·霍夫纳和乔安妮·坎托准备了 4 张图片。第一张图片是一位笑容可掬、体态丰满的慈祥老奶奶,怀里抱着一只小猫。另一张也是她,气愤地抓着猫的后脖子。第三张是一位尖嘴猴腮的瘦弱丑陋的女人,典型的老巫婆形象。她慈眉善目地搂抱着那只猫。最后一张图片是老巫婆气愤地抓着那只可怜的猫的后脖子。

研究人员把这些图片呈现给孩子们,问他们哪位妇人可能会邀请他们进屋吃点心。孩子们是不是想进去拜访她?不管那位老奶奶对猫做了什么,4 岁的孩子们都认为她是"善良的",并会邀请他们进屋吃点心。无论巫婆做什么,都是"不好的",孩子们也不愿意跟她在一起。6 岁的孩子显得更愿意考虑妇人的表情与动作,并判断其行为,而不只是表情。6 岁孩子所显现的灵活性是孩子认知能力的一大进步,也是克服偏见的基础。

　　孩子们具备了克服神话老套路的智能,即使迹象相反时也是这样。但这并非意味着他们会在日常生活如此行事。这是因为老套路通常是在相当长的时间里无形中积累下来的想象。因此,偏见可能会非常稳固,需要推理和经历来打破它们。当然,克服偏见就像是纠正孩子的思维套路,是一生要做的事情。特别是我们的世界变得越发成为了一个具有多元文化的社会,不断消除偏见是非常重要的。

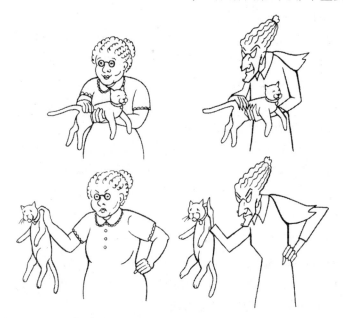

偏见测试:通过她的表情或动作判断哪个人是"善良"的,哪个人是"阴险"的。

接管控制权

　　汤米的幼儿园老师对他不停地吵闹和制造麻烦感到很无奈。如果老师尽可能地暗示他要等到轮到他,他就会生气,对老师和小伙伴们还骂骂咧咧。但是,关于动物的几次提问表现出他不仅是个富于观察力的孩子,而且记忆力非常好。令老师吃惊的是他经常做出很有辨别力的结论。只要他决定坐下来画画,通常画出来的就是非常富有生气和想象力的。老师觉得他是聪明,甚至是有天赋的。但凭借多年的教学经验,老师担心汤米也许不会成为别人的好朋友。

　　成长的重要部分和与人友好相处是需要我们在错综复杂的情感和冲动中获得的能力,从而找到自己的发展之路。那些学会战胜挫折、控制好冲动、抑制贪婪和提高自信心,把问题当做挑战的孩子在今后前进的道路上有极大的优势。

克服挫折

自从西格蒙多·弗洛伊德发表他那关于无意识对人类行为所产生的影响的前卫理论开始,就出现了这样一种把挫折与不好的事情等同起来的假设。想象挫折感在人的今后生涯中会自然导致精神病行为。所以要尽可能避免导致挫折感的出现。尽管这并非弗洛伊德自己所言。

弗洛伊德的女儿安娜在1952年哈佛大学的一系列讲座中加以了澄清。她强调了父母的关键作用和在孩子经历重要发展阶段时其他人帮助的重要性。在3~5岁期间,孩子应当学习在应对紧急情况之前学会停顿与思考。她阐述了孩子应该发展内力来克服挫折感而不是逃避。这并非是"不垂头丧气"的人生哲学的一部分:因为挫折感客观存在于人生中,孩子们应该学习如何应对。

当艾米丽告诉5岁的斯蒂文,他画的马像头猪,斯蒂文禁不住哭了起来。他已经很努力了,但是还是失败了。他很受挫并想放弃了。他开始把画撕了。在很长时间里,这种经历会阻止斯蒂文不再尝试。幸运的是艾米丽的妈妈在旁边,她并没有给斯蒂文画一匹马,而是告诉斯蒂文一开始就没画对。他一上来就挥笔画起来,而没有好好想想马的形状。她告诉斯蒂文应该一开始先画个直角形。这个"暗示"是斯蒂文能够重新画好需要的帮助,最后他对自己画的马比较满意了。如果斯蒂文有许多类似的经历,就会增强意志并提高足够的信心去赏识新的解决问题的办法,因为他知道这样是可行的,是能够成功的。

抑制冲动

能够抑制冲动,给孩子提供一个足够长的反思时间,以避免采用错误方法,找到合适的得以圆满解决问题的办法。抑制冲动是思维与行动具有灵活性的关键,它的重要性不仅仅是解决短期的问题,而是可以扩展为将来达到了某个理想。

沃尔特·麦克尔和菲里普·皮克进行了一系列启蒙式实验。4岁半的孩子如何面对诱惑问题。一个孩子独自坐在一间小屋的一个小桌旁,桌边有个按铃。然后观察人员把孩子们喜欢的像蜜饯之类的东西放在桌子上,说:"如果你等我回来再吃这个蜜饯,我就给你两个。你可以随时按铃,我就会回来,但是你就不会得到蜜饯,而只是脆饼干(一种孩子并不十分感兴趣的东西)。"如果孩子不按铃,实验人员15~20分钟时就会来,给孩子承诺好的奖励,前提是蜜饯还在那儿。

对一些孩子来讲蜜饯的诱惑难以抵挡。他们会一口吃掉。而另一些孩子一直坚持到研究人员回来。他们使用一些小"策略"帮助他们实现目标:闭上眼睛,把视线移开,自言自语或是自己玩点什么。

此项研究的创意者并没有总结出坚定的结论,即蜜饯实验的重要信息是在任何情况下放弃快乐的能力。相反,他们指出孩子是有自由度的,并非强迫执行某种冲动。一些孩子在等待的时候是很不好过的。这由孩子的性情所决定。但是孩子们还是能够从经历中学习抵御诱惑延长时间。

冲动与后来的违法行为

克制冲动值得特别关注,因为易冲动与后来的违法行为是有关联的。蒙特利尔大学的里查德·特伦布利和他的同事们发现男孩在幼儿园中表现出的一系列性格容易在青少年时期转化为违法行为。这三种性格是:冲动、轻度焦虑和奖赏依赖。很难定义奖赏依赖,因为我们自动就会想到切实的奖赏。而在这儿,它指的是孩子从照看人那里得到的温暖和与社会的纽带感觉,一种所给予的鼓励和认可的需要。

对于表现出前两种性格,且奖赏依赖程度较高的男孩,在青少年时期也不太容易出现违法行为。他们与父母或是照看人的关系可能是构成他们行为的决定因素。作者提出要对处于危险境遇的学龄前儿童给予更多关注。

抑制攻击性

学龄前儿童暴力和攻击行为增多是家长们关注的焦点。这种行为不是指年幼男孩的粗鲁和打架,而是明显给他人造成危险的行为。

攻击性是有其自然历史的。生理能量影响某种情况结果的趋势是从九个月到两岁之间建立起来的。令人欣慰的是,这种趋势从 3~5 岁是逐渐减弱的,在 16~20 岁时会再经历一次减弱。某些孩子较其他孩子更倾向于有攻击行为的事实将在第十章中讨论。

在学前阶段,孩子通常是从大人那儿领悟到什么是可以被接受的,什么不行。他们被鼓励表达自己的需求并关注他人的感受。如果没有受到这样的引导,更糟的是,如果生活中大人有暴力和野蛮行为,他们很可能会当做榜样吸收进自己的生活中去。

发展自信

一位 4 岁半的孩子参与了哈佛婴儿研究机构进行的一项调查性格发育的实

验,他给了我很深刻的印象。实验员给孩子看了一张图片,并说:"这是我最喜欢的图片。我真的很喜欢它。"然后她让这位男孩把图片撕了。当其他孩子无论是否乐意都不得已按照实验员的指令去做的时候,这个男孩大声说:"我不想这么做。"他认为撕图片的行为是不对的,而且他很有自信地把想法表达了出来。

在多种环境下谈到正义感的时候,孩子们需要做到心中有数。他们应当对邀请他们外出的陌生人说"不"。遇到欺负他人的伙伴,敢于站出来鸣不平。自信同样意味着学会为自己的行为负责,并勇于公开承认自己的错误。这些实力并非是自我发展起来的,需要大人的正确引导和足够的训练。

脑半球共同工作

大脑中天生就具备了巧妙的设计,为处理大量信息和掌控人类行为的复杂性,大脑的两个半球既相似,又各有专长。集中的信息导致比两个单独半球形成潜能的网络功能要强大的多。仅用大脑的一侧就好像用一只脚走路,两个脑半球需要不断合作。两个脑半球的交流是通过连接两侧的坚实桥梁——胼胝体来完成的,当然也存在一些小连接。

截至目前,我们对大脑功能的了解却来自对受伤大脑的研究。这种认识的劣势是很难定位损伤的位置,当行为调查一进行,大脑的补偿性变化就产生了。现代影像技术能够通过健全的神经系统中的普通活动来观察两个脑半球之间的活动,从而提供某种认识。这些研究依据不仅阐述了左右大脑半球皮质的作用,而且还有不对称的皮质下结构的作用。

任何半球都无法单独承担一个复杂的活动,如语言理解、记忆或是情感表达,就更别提全脑具备的智力和想象力了。相反,每个半球都为某项活动所需要的网络提供部件支持。我们可以把它比做晶体管收音机。如果你把电池拿掉,就不出声了。电池是收音机功能的所需零件;但是,你却不能说是电池发出的音乐。

像语言这样复杂的行为可以被分解成很多部件。言语的声音主要在左脑中被记录和分析,位于左脑的语言中心用来分析声音的次序并帮助与记忆中的词汇进行连接。同时,右半球处理词汇流的节奏因素并添加感情色彩于其中。有趣的是语言和音乐是在大脑中的重叠区域进行处理的。新的研究表明对和谐环境与音乐的解释使左右脑的区域更加活跃。

脑电图研究显示喂养糖水的新生儿的大脑活动和暂时离开妈妈的 10 个月大的婴儿表现出的积极情感主要在左脑中被处理,消极情感在右脑比较活跃。右脑

两半球协同工作

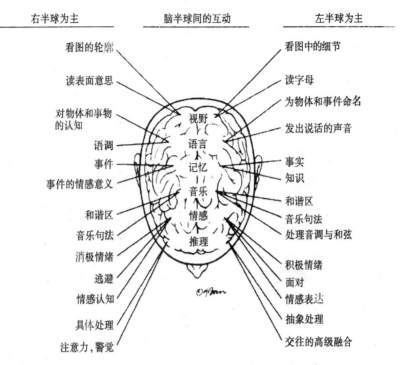

右半球为主	脑半球间的互动	左半球为主

右半球为主:
看图的轮廓
读表面意思
对物体和事物的认知
语调
事件
事件的情感意义
和谐区
音乐句法
消极情绪
逃避
情感认知
具体处理
注意力, 警觉

中间: 视野 语言 记忆 音乐 情感 推理

左半球为主:
看图中的细节
读字母
为物体和事件命名
发出说话的声音
事实
知识
和谐区
音乐句法
处理音调与和弦
积极情绪
面对
情感表达
抽象处理
交往的高级融合

自然的内部图：两个大脑半球是相似的，但又分别有特别技能。

与身体所受的干扰或痛苦的情况的反应关系比较密切。那些能够使压抑反应平息下来和平静较快的孩子的左脑比较活跃。

大量不同神经递质的活动帮助解释了左右脑角色的差异性。去甲肾上腺素是与机敏和注意力相关的神经递质，它具有更多数量的感受器，并在右脑中活动得更加频繁，类似在情绪方面起作用的血清素。皮质醇是压抑状态下释放的一种激素，在右脑中的活动也表现得较活跃。多巴胺是一种对于工作记忆和形成复杂连接相当重要的神经递质，它在左脑中的感受器较多。

血流量的变化是孩子发育的重要环节。到三岁时，右脑的血流量要比左脑多，之后左脑中的就变多了。这或许是右脑发育早于左脑的标志，同时反映出由情感反应带动的行为向由语言发育和左半球更高次序处理区而引起的转变。孩子的思维区域会出来说："等一下。"这会给他更多的灵活性和机会，从而更大限度地使用大脑资源。他的行为可以被描绘为深思熟虑。

思　考　题

如果他说:"他们都有"

　　尽管你无法经常预见下一步要发生什么事情,但你可以告诉自己的期望是什么。有时最有启发性的经历来自对身边父母与稍大孩子在一起时的观察。和伙伴们事先谈一谈,看看你们能有多大的谈论空间和回旋余地。如果孩子向你要更多的零花钱、要上吉他课、要个自己的电视机或是电话,你会怎么说?不要被"别的父母"这样的词所干扰,而是如果无法满足他们就把理由说清楚。

我该如何提升孩子的自信心?

　　我们可以读读流行的神话故事,找到包含似乎无助的人,通常是孩子,他们是如何智取大力士、巫婆或是如何战胜起初无法超越的障碍和困难的。但是我们没必要总是看那些民间传说和那些激发孩子自我期望过高的故事。正像心理学家杰罗姆·卡根指出的:"古往今来家庭成员的故事能够为孩子提供很强的家庭认同感。关于其他家庭成员如何克服困难的例子能够激发孩子对自我才能的自信心并提高成功的概率。"

我该如何解决兄弟姐妹之间的纠纷?

　　很显然,当某个孩子处于明显劣势的时候你一定要出面。孩子们往往意识不到他们自己的力量,或是由于使用武力解决观点分歧所带来的不良后果。但是,通常情况下,如果让他们好好思考思考,他们总能找出好办法的。比如,你6岁的双胞胎儿子在争论谁要双层床的上铺(或下铺)。可让他们自己拿出解决办法来。他们或许建议轮着来,或是一个玩从前一直争的玩具,作为交换,他就放弃挑床位。为他们提供自己解决分歧的机会会使他们易于遵守他们的决定,从而为他们今后积累经验。

　　对于年幼孩子的小打小闹通常是无法区分出"侵略者"和"受害者"的。那么无错政策会减轻对你神经的折磨,鼓励孩子们和解。让他们分别去两个房间,让他们自己找到解决方案后再出来,并准备好再一起玩。

行为障碍需要用药吗?

朱丽叶·马格诺·齐托和她的同仁于 2000 年 2 月 23 日在美国医学会杂志上发表了一篇文章,引起了大家对学龄前儿童精神药物的处方在增加这一事实的关注。这些药物将影响突触上的神经递质的活动,而我们应当在大脑发育极为活跃的时期慎重使用这些药物。哈佛精神病学专业的约瑟夫·科伊尔说:"假设没有实验证明可以给非常年幼的孩子使用作用于神经的药物,那么对发育中的大脑会产生有害影响的治疗是值得关注的,而使用这种不当治疗的原因也是需要鉴定的。"

强调孩子本身、家长、邻居、日托中心或是学校的作用是重要的。如果大家齐动员,很多情况就不必采用药物治疗了。但是,对整个情况的广泛评估表明,孩子从药物治疗中是可以获得帮助的。

如果在家中感到对付不了孩子了该怎么办?

如果感到自己快招架不住的时候,不妨向朋友或解决家庭问题的专家取取经。比较奏效的是家庭录像训练。受过训练的工作人员访问某个家庭 8~10 次,将晚餐和家庭游戏这样的日常生活拍摄下来。从中向家长指出与孩子之间良好的互动,使家长增强应对可能发生情景的能力。父亲会突然意识到儿子实际上正充满敬仰地望着他。

我该如何使孩子感觉是家庭团队中的一员?

3 岁孩子愿意想象自己是家庭团队中的一员。他们乐于帮着干家务,受到表扬会很自豪。即便他完成家务所用的时间比你用的还多,一定要给予鼓励。家庭团队概念可以用多种方式加以培养。比如:如果全家去远足,行囊由大家一起分担,不仅仅只背上自己的用品就行了。一个背柠檬水、一个带着热狗、一个则带着餐巾纸。这样只有整个家庭团队都在一起的时候,野餐才是完整的。

随着孩子不断成长,他们可以真正肩负起家务的责任了,比如准备碗筷、买东西、照看小宠物。与家庭成员一起过节也是牢系家庭纽带的一种方式。孩子和父母,以及爷爷奶奶的生日都是可以共同庆祝的。

大脑两半球在日常生活中是如何协作的？

日常生活提供了许许多多观察和培养大脑两半球独特互动的机会。假设你同孩子一起在看一幅画，画面上是树木环绕的湖面。他通常是首先有个整体印象(右脑)，说"这是一片树林。"(语言来自左脑)你可以鼓励他再看看，找找令人惊奇的细节(左脑)，比如树枝上藏着的鸟窝什么的。

将情感转化为语言是锻炼左右脑协作的又一种途径。例如：如果女儿没有接到一位朋友生日聚会的邀请而不高兴地回家来了，你就可以告诉她这就叫做不高兴、生气的或是失望的感觉。能够谈论自己的情感是培养孩子了解不同境况的能力。她的不愉快基本是在右脑得到了记忆，左脑提供相应的语言并帮助她明白某人就此所做反应的原因。

当大脑两个半球共同工作的时候记忆力得以提高与加强。右脑主要从事对事件的整体记忆，而左脑则注重细节并将记忆转化为语言。你可以通过让孩子叙述她的经历来帮助她回忆细节和增强记忆，例如：如果去过动物园，让她告诉你袋鼠做过什么。你还可以多加上一些事实，比如说它们是生活在澳大利亚的动物。小袋鼠是在妈妈的育儿袋中生长的。

10
个性之路

我们故事中的孩子后来发展如何呢?老实说我们无法预见。没有任何"水晶球"能够让我们看到未来,也无法考虑到所有影响孩子性格成长的因素。有时,公众的看法认为性格是由遗传因素决定的,有时又认为是受环境影响的。而最近的一项研究结果为我们提出了另一种可能,即心理、遗传和神经生物学作为一个复杂而多元的拼图式整体相互作用于一个人的性格。有一种途径可以帮助我们把它搞清楚,我们把性格分为两个主要组成部分:脾气和个性。脾气是性格的一部分,主要与情感和神经系统的快速反应关联。脾气性格在人很小的时候就出现了,并在一生中保持一种相对的稳定。个性,从另一方面讲与目的和价值观有关。他们是受社会和文化环境和个人的经历影响的,个性要经历相当长的时期才能得以形成。

脾 气

还记得安娜和艾米丽在4个月和21个月时对新奇事物的不同反应吗?哈佛大学婴儿研究小组针对像安娜和艾米丽这样对陌生事物产生两种完全不同反应的孩子给予了特别的关注研究。结果表明:"艾米丽式的孩子"不太受陌生环境和事物的干扰,而"安娜式的孩子"却极易受到干扰。在随后的几年中,实验人员将实验的条件进行了调整,根据孩子的年龄来设置小组游戏,包括和较多的以及较大孩子的聚会。

安娜式的孩子们在4个月的时候对陌生的声音感到不快,张牙舞爪不停地哭,在她们14个月和21个月大的时候更加胆怯,发育到上学前很可能比艾米丽式的孩子更加害羞。"安娜式的孩子"通常更加焦急和感到压抑。但是,研究还发现,这样的孩子在做一项不要求对一项刺激进行快速反应式的活动时出错的概率要小。他们更加谨慎,并从容估计问题而不是匆忙找出答案。"艾米丽式的孩子"相比之下更加外向和善于与同龄孩子交往,与陌生人谈吐自如。

当实验人员观察脾气背后的大脑活动的时候发现,随着年龄的增长大脑模式确实是极为稳定的。用脑电图测量孩子在听到一个声音时脑干的电效能。在 10 岁的时候,那些在 4 个月时反应强烈的孩子对声音表现出较强的反应力。大脑对声音的高反应力归功于杏仁体的高度敏感度,从而激活脑干。他们的神经系统对刺激具备较弱的"极限"。但是研究也发现了一些令人惊奇的地方。尽管像安娜这样的孩子比"艾米丽式的孩子"更羞涩,但是多数"安娜式的孩子"并非如想象的那么羞涩。他们愿意与伙伴们一同玩耍,在学校里也很快乐。

我们可以想象安娜绝对不是群体中的活跃分子,但是我们现在离开时,她正在高高兴兴地上着一年级,尊敬老师并发现了学校图书馆这个令人神往的地方。随着她长大,安娜的大脑皮质,大脑的"思考"部分会对她的性格产生更加强有力的影响,这将允许她从自己更广泛的经历储备中调用有用部分来"跳出自己的阴影"。历史上不乏很多克服极端羞涩的成功事例,这些人后来甚至成了知名的演讲家和舞台表演艺术家。

艾米丽是个快活、善于交际和外向的儿童,一个充满好奇心和热情的学龄前儿童。她总是说个不停,她的话总会被他人的笑声打断。我们看到她是如何帮助安娜推车,看到她是如何高高兴兴地帮妈妈整理聚会后的房间。这一切的因素预示着,她将来在学校一定是个积极向上的孩子。

小安德鲁比他姐姐艾米丽更加有耐心。他学会按次序行事,尊重他人的权利。他不会从学校一回到家就像艾米丽那样将一天在学校做的事迫不及待地讲出来。但他能够与伙伴们友好相处。他的父母认为他是个不爱急躁的孩子。

斯蒂文的妈妈意识到他与哥哥"左耳朵听右耳朵冒"不同的是,斯蒂文总是表现出自责。如果是因为他们在起居室玩球而碰碎了古董花瓶,妈妈斥责他们的话,斯蒂文的哥哥就会悄悄走开,而他却感到非常懊悔,并会建议把花瓶拿到商店里修一修,或是帮着买个新的。非常重要的是这种差异不是家长的风格使然,而是孩子独特的脾气和经历互动的结果。研究正在发掘脾气急躁的孩子对违反规定更容易感到内疚的原因。一个假设是,他们的神经系统倾向性地表现出不舒服的情绪。一旦他们感到做了错事,他们就会感到不好或是不舒服。他们的生理反应也能够表现出来,血流加速、喉咙干燥、脸红、腹部收紧。研究一再表明孩子在两个月接种疫苗时反应强烈的,幼儿阶段也更可能感到内疚和羞愧。

爱荷华州州立大学的格雷兹娜·科坎斯卡一直在从事关系研究，这个关系是孩子的脾气与妈妈之间的互动反应以及孩子道德发育之间的关系。她发现鼓励羞涩而胆小的幼儿适应父母标准最有效的方式是通过"温和纪律"或是热情而权威式的管教。对于大胆一些的孩子来说，最佳的方式是妈妈与孩子达成互动与合作。这样的孩子对妈妈的表扬或是反对比较敏感，通常表现出求助的欲望。总而言之，当孩子与父母之间的关系被认为是"好的"，孩子对父母的标准的尊重将会延伸至上学。

斯蒂文一年级上得怎么样呢？我们多把他看做"梦想中的婴儿"，而到了幼儿和上学年龄他变成了一个容易分散精力和对事情很快失去兴趣的孩子，尽管开始对一项任务饱含兴趣最后也是如此。让斯蒂文抓住阅读的篇章大意或者正确地使用铅笔写字，他的老师是需要有耐心的。由于他的妈妈意识到了他的问题，她便会防止他分散精力并鼓励他一旦开始就要坚持到底。斯蒂文的许多大脑活动帮助他提高协调性和专心致志的能力。

索尼亚的妈妈看到了她在艾米丽一岁生日聚会上是如何锲而不舍地翻她的钱包。索尼亚坚持着这种专注，毫不分心。她不寻常的音乐能力不久也被身为音乐家的父母发现了。我们曾经认为她是有准儿的孩子，如今变成了一个被激发出很大热情的琴童。她在学校里很快活，有个好朋友圈。

马修走路走得早，在跳跃、单脚跳、攀登和骑三轮车方面都比同龄的孩子早。在艾米丽 6 岁的生日聚会上，他已经是个自信、外向的小运动健将了。他很乐意充当领队的角色，而且毫不犹豫地冲汤米大喊大叫。

相比之下我们对汤米尤为关注。在幼儿阶段他就表现的很有推动力，不顾及他人的感受。一年级的时候抑制自己的愤怒还比较困难，通常表现得敢作敢为和具有一定破坏倾向。这些个性都是基于长期的跟踪研究与孩子长大后所产生的问题的关联性而界定的。然而并非是孩子的脾气，往往是孩子的脾气与其周围环境的错误匹配加大了后期的困难的可能性。父母对孩子坏脾气的敏感而适中的反应程度，会降低孩子实施暴力和破坏性的危险性。

不幸的是，汤米的妈妈毫无办法了，对他的影响力很有限。如果她能帮助他改掉坏脾气并学会与人合作，或许他就会更有发展自我能量和能力的机会。

再来看看成人的脾气，罗伯特·克卢宁格识别出四种主要的行为特征在孩子身上同样能够找到：猎奇、躲避伤害、持之以恒和对奖赏的依赖。富于好奇心的孩子乐于去新的地方、了解新的事物和认识陌生人。而怕见生人的孩子或是害怕尝试新玩具的孩子可以认定是逃避伤害的人。持之以恒指的是坚持做某件事，不轻易地放弃。对奖赏的依赖意味着与看护人之间密切的关系，并从中得到情感的"回应与认可"。上述这些积极和消极的特点是基于这些因素或是与其相关能量的特定组合。比如，躲避伤害可能令孩子害怕，或是极为害羞；同时它也能让孩子避免潜在危险。好奇会使孩子对技能或是艺术方面具有创新性，同时也可以导致追求猎奇的行为，有时会导致自我毁灭。研究表明神经递质在行为特征方面是起作用的。

秉性与神经递质

在秉性中起作用的一些神经递质都与特种行为关联。去甲肾上腺素使警觉和精力集中有所提高。血清素是与心情有关的。高血清素新陈代谢与高脉冲控制息息相关，它可以降低攻击性从而最大限度地避免伤害。低血清素活动可能导致人的挫折感和总体的消极情绪。极低的血清素活动是受到低脉冲控制、增强的攻击性和危险行为影响的。

针对神经递质多巴胺的研究为我们提供了这些信息传输物质是如何与行为相联系的案例。多巴胺在人的大脑兴奋区中起着作用。在大脑特殊区域中的高多巴胺活动将提升在特定活动中所体会到的快乐，从而提升重复这种经历的动机。人们对神经递质的认识来源于多种实验与观察。从遗传角度看，具备高猎奇程度的人的特种多巴胺感受器的基因比例就高。有趣的是这种关联在德系和西班牙系犹太人种族群中，非犹太血统的高加索人、西班牙人、亚洲人和非洲与拉丁美洲人中可以找到。

值得强调的是同样的神经递质可以具备不同的效应，这取决于感应器的种类，或是所在区域。D-4感应器是与猎奇有关的，因此，如果一个人的大脑中某个特定区域分布着这些感应器，他就有很大的猎奇倾向。因此行为是有遗传基础的。但是，这一切都是多种因素相互作用的结果。如果猎奇是由于强烈的躲避伤害特征锻炼出来的，那么这个人就会善于躲避危险行为而又专注于创新智慧活动。一个活动的开展是否充满乐趣，还是令人不快将直接影响是否会重复这个活动。

脾气秉性和额区皮质

针对大脑两半球处理人的情感所扮角色的研究向我们证明了某些脾气的层面是有大脑基础的。威斯康星州立大学的理查德·戴维斯是当今的一位神经科学家，他一直在研究情感背后的脑电路图。

在脑电图的研究中，戴维斯和他的同事们发现额前区皮质的左侧比与反应积极、外向型情感有关的制定和达到目标的右侧相对要活跃些。而相对应的右侧则对消极和逃避情绪表现得更活跃。哪一侧在特定的时候表现得更活跃，他就会表现出积极或消极的情绪。这种差别在脾气中同样会体现出来。左前皮质较活跃的人就比较乐观，乐于社会交往的。而右前皮质较活跃的人就比较悲观和倾向于逃避。

脑电图技术已经用来研究前脑活化作用与孩子情绪的抑制力。内森·福克斯和他同事首先观察了一组一同游戏的 4 岁儿童。这组孩子有的是外向型的或是善于社交的，有的是沉默寡言不善言辞的。整个游戏过程都被拍摄了下来，在事先未讲明任何目的的前提下请专家就此评价孩子们的行为。

两周后，实验人员对这些孩子的前脑进行了脑电图研究。结果表明了专家对孩子所表现出的脾气、所观察到的社交能力和大脑活动之间的关系。研究人员发现了 4 种基本的类型。

(1) 性格外向者或称作好社交的孩子，倾向于表露或是用行动表白他们的问题，常常有攻击性的行为：右额皮质活动比左脑强；

(2) 性格外向者或称作好社交的孩子，不倾向于表露自己的问题，也没有那么富有攻击性：左额皮质活动比右侧的强；

(3) 性格内向的人或称作害羞的孩子，有很强烈的内化问题的倾向：右额皮质活动比左脑强；

(4) 性格内向的人或称作害羞的孩子，有不太强的内化问题的倾向：左额皮质活动比右侧的强。

该研究的实验人员建议左半球皮质活动稍强是大脑利用左脑语言和分析技能来控制特殊环境的指标。右半球活化作用稍强表明，由于左半球能够接触这些应付机制，右半球很少做这项工作。因此它约束情绪就更困难。研究的结果表明具有较强右脑活动作用的孩子对情感的控制力比左脑活动稍强的孩子弱一些。

这些发现并非意味着一个孩子的行为将程序化地一生不变。但是，一些孩子会需要更多的指导以便控制他们的情绪。如果你了解孩子的脾气，你可以帮助他更好地抵御消极情绪，并帮助他乐观地看待事物。

秉性与健康

秉性影响孩子的健康。神经比较敏感的孩子往往比容易相处的孩子患病的概率要大。这是因为高反应者的神经系统易于转换成"警报模式"，并相对稳定。如果警报时间不长，强烈的反应不久消失，身体就恢复其正常状态。但如果孩子长时期处于警戒状态,一直保持强烈的反应。长时间后,就会造成高血压、血液循环问题或是敏感症。

孩子被狗吓着的画面就体现出神经系统与身体器官在警戒状况下的交互作用。孩子快乐地在沙土坑里玩沙土,突然一只陌生的狗走过来。新的情况由孩子的眼睛和耳朵传达到丘脑,然后到杏仁体。杏仁体是边缘系统或是情绪系统的组成部分,并对脾气的形成起到决定性作用。它调整进入信息的能量。如果接受的信号较强,孩子可能是个高反应者。如果信息接受后的能量减弱,孩子可能反应相对减弱。

杏仁体将信号发射给基底神经节,引起孩子身体的"收缩",手里的铲子放下了。扁桃体也将信号发射给脑干。他变得更加警觉,眼睛睁大了,下颌张开,还尖叫起来。他的心脏在跳个不停,都有些喘不过气来。这些反映是脑干和脊髓作用的结果,因为它们包含有属于自主神经系统的神经元。

自主神经系统的得名是源自于它不需要特殊而有意识的指令就能按部就班地工作。它的目标是使身体的各项功能达到平衡,由于经常有危险出现因而达到这种平衡也绝非易事。自主神经系统中的两个伙伴是交感神经系统和副交感神经系统。交感神经系统具有警戒功能,而副交感神经系统具有平息的功效。当交感神经系统使心跳加快时,副交感神经系统却在使其减弱。交感神经系统加速大肠的蠕动,而副交感神经系统却降低它的蠕动。

当孩子看到狗的时候,他的杏仁体将信号发射给第三收信方,即他的视丘下部。这个器官分泌活化脑垂体的激素,从而告诉位于腰部顶端的肾上腺皮质分泌皮质醇,通常称作"应激激素"。孩子基底神经中枢的反射(收缩、震动)、脑干(心跳、呼吸)和脑垂体反射(皮质醇)可以概括为情绪反射。

现在大脑皮质要来解释它自身的工作和孩子对它所产生的情绪反射了。当孩子一看到狗,他的丘脑也会向他的大脑皮质直接发射信号,这个信号会拿眼前这只狗与自己认识的狗做比较,并将自己以往与狗相处的经历相比较。他的皮层也会从他的情绪发射得到输入信息。他感到自己的心在怦怦直跳,感觉到肌肉的收缩和自己发出的害怕的声音。他的皮层将把这些情感发射转化为"感受"。他感到"害怕"。与他的情绪立即反射相比,他的感受也是无法被他人衡量或是观察到的,这完全是自己的事。大脑如何将情绪反射转化为个人感受依然是个不解之谜。

大脑皮质不仅接收和解释信息,也竭尽全力对下皮质层结构施加影响,从而影响孩子的内在器官和其未来同样场合下的根本行为。如果孩子着实被狗吓住了,他将来就会对狗非常戒备或是见到陌生的狗就感觉不舒服。但是,如果狗的主人把它看管得很好,并鼓励孩子过来摸摸它的毛,逐渐地克服自己的恐惧。因为皮质有能力规范杏仁体的即刻反射,甚至杏仁体非常敏感的孩子也会从积极的经历中来降低他的焦虑。

孩子被狗吓着的画面向我们展示了神经系统与身体其他器官在压抑状态下通常的工作原理。孩子神经系统产生反应的强度是因人而异的。与婴儿不间断的新陈代谢扫描研究相关,麦克·刘易斯为我们描述了三个重要因素帮助解释孩子的某种脾气影响其自身对痛苦事情的反应。首先是基线,或者是说刺激的程度应

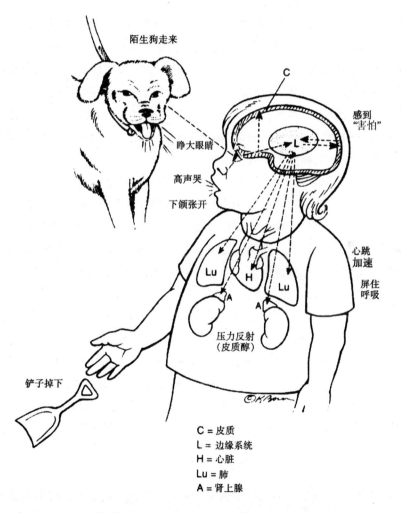

一个突发事件加快了边缘警觉系统,导致情感的身体反射、大脑皮质意识到这些反射并诠释出一种害怕的情感。

该以程度大小依次产生反射。其次是反射多快能够减弱，最后是反射是如何简单地进行的。根据描述，一个高反射的孩子具备敏感的新陈代谢，基线较低，对较低水平的刺激的反射就很高。这样的孩子容易兴奋，平静下来慢，并且随时可能再度兴奋。孩子的皮质醇水平高。证据表明高反射孩子有个较高的交感神经系统和较低的副交感神经系统。

与高反射孩子相比，低反射孩子对刺激的基线要高，反射减弱得快，再激活较慢。这样的孩子不易兴奋，即使兴奋很快就会平静下来。他也不可能很快再兴奋起来。这样的孩子皮质醇水平较低。

像我们前面所提到的"安娜式的孩子"是高反射孩子，他们比低反射的孩子患花粉热、哮喘和皮肤过敏的概率高一倍。这是因为他们的杏仁体向下丘脑发射强信号，引起下丘脑刺激激素皮质醇工作。在相当长一段时间里具备高皮质醇能够令孩子的免疫系统功能降低，也就是说他对传染病和过敏症的抵抗力较低。

除了增加皮质醇的生成，从孩子杏仁体发给自主神经系统的强信号也刺激了连接内部器官的神经，导致间断式的消化不良或是痢疾。身体血管的收缩可能引起头痛。他可能频繁感到紧张或是失眠。

对孩子脾气的认识具有实际的因果关系，因为家长能做各种努力帮助孩子降低、避免或者应对压力。可以抵御避免任何紧张情况的诱惑，可以打乱高反射和较高渴望的循环。如果孩子事先知道接种疫苗只会疼几秒钟，而且他如果放松做深呼吸，就不会那么疼，他就不会因为毫不知情而搞得很不高兴。挫折、忽视和愤怒都会引起强反射。如果孩子因为一点小事而大闹，你可以告诉他现在他正在释放气愤，帮助他较为平静地面对生活中的磕磕碰碰。

认识事情所给予孩子的冲击是非常重要的，这不仅仅关系事情本身，更是关系到孩子是如何诠释这一切的。搬家到另一座城市对于孩子来说多少是一次冒险。羞涩、有攻击性和高反射的孩子比内向的、不太有攻击性和低反射的孩子更会觉得这是令人焦虑的一件事。家长能够帮助孩子应对羞涩并发现解决这种攻击性的途径。他们也能够帮助孩子学会将这一切看做是挑战而不是压力。指出事情的积极方面，比如把家搬到一座新的城市意味着可以有一间属于自己的新房间。

融入新的集体

融入新伙伴中是孩子加入一个新看护中心、学前班或是学校时都要面对的挑战。孩子们应对这些经历的表现各异，一部分原因与孩子脾气的差异有关。梅根·古那和她的同事们对孩子的脾气和他们如何适应新环境的关系进行了调查。研究人员对学前班中 3~5 岁的孩子小组形成进行了研究。他们关注孩子的行为并向他们的父母询问孩子的脾气秉性。为了观察孩子的神经系统是如何就环境产生反射的,他们测量了孩子唾液中的皮质醇含量。皮质醇含量的增加显示了孩子正在经历某种程度的压力。在孩子相互认识、组成小组的过程中实验人员进行了取样。

实验人员检测了三组孩子。第一组在第一天的皮质醇含量最高,但当小组之间熟悉了之后,他们的皮质醇含量恢复到正常值并保持平稳。这些孩子比较外向、有能力并能与同伴友好相处。他们或许一开始对学校的新经历表示兴奋,但是不久他们就像在家里那样表现自如了。第二组的皮质醇含量在第一天没有升高的显示,但是班级内彼此熟悉后的反射有所提高。这或许说明他们从开始对新的经历没那么兴奋,一旦他们去新学校就变得比较焦虑了。第三组孩子开始的皮质醇含量就高并始终没有降低。也许这些孩子感到害怕,需要长时间才能平静下来。这两组孩子的情绪更消极些,有些逃避。他们在精力集中和抑制力方面的得分都较低。这些孩子需要特殊的关注与鼓励,从而使他们在小组中找到自己的位置。

研究表明孩子的个人皮质醇分泌的模式在青少年时期是保持相对稳定的。但是,孩子的行为是变化的。帮助具有高反射神经系统的孩子学会放松,不仅有助于健康也使他的人生更加愉快。我们的目的是要找到身体运动与休息的良好平衡。日常锻炼是重要的,尤其是在空气新鲜的大自然中。如果孩子特别紧张或是得了哮喘,你不妨与处方医生商量一下进行放松训练和学习特殊呼吸法的可行性。音乐班、舞蹈班和绘画班可以帮助孩子释放紧张度并享受与他人共处的快乐。在家中,让孩子在餐桌旁谈论一天的经历也是让他们放松的绝好机会。

你的鼓励和榜样是帮助孩子应对新环境重要的因素。你不妨让孩子说出他的恐惧。和安娜谈论有关她第一天上幼儿园经历的谈话,可能是这样的:

安娜:我不想去幼儿园。

妈妈:你为什么不想去呢?

安娜重复着并开始哭了,谈话没有结果。

妈妈:你还记得第一天上幼儿园的感受吗?

安娜:我哭来着。

妈妈:对。你开始哭,然后发现了那些好玩的玩具,而且乔森太太让你在厨房帮忙。后来你觉得怎样了?

安娜:那个挺好玩的。

妈妈:那么你设想一下在这个新幼儿园会是什么样的?

安娜开始笑了,她意识到她所害怕的事情可能会变得有意思。

一个害羞和焦虑的孩子有时需要适应一个新的小组。等他习惯了新的幼儿园后再让他开始柔道课程。如果孩子通过自己的经历发现认识新人或是尝试新方法能够解决问题,他便会把应对新环境当作迎接能够克服的挑战,而不再是"压力"了。

摇篮的礼物:多元智能

索尼亚 3 岁之前,每次爸爸把大提琴从琴盒里拿出来,开始为大学乐队音乐会练习的时候,她就兴奋不已。她仔细地听,并恳求允许她亲自在琴弦上拉一拉。当小伙伴们咿呀学语时,马修已经能说整句话了。他 5 岁时的词汇量就很可观了,语言能力相当不错。

每个孩子与生俱来的不仅有自己的脾气特点,也有导致个人性格的各种能力的调色板。这些能力有的出现得早,但有的孩子上学的时候才显现出来,更有甚者直到青少年或是成年早期才出现。

20 世纪 80 年代初,霍华德·加德纳向世人介绍了"多元智能理论"用来平衡当时在标准智力测验中对语言和数学智能的过度重视。他对智能的定义包含了社会对个人技能的价值要求。

加德纳的"智能"状况清单包括:语言智能、数学逻辑智能、空间智能、音乐智能、动觉智能、交际智能、自省智能、动机智能和自然智能。多元智能理论的前提是这些特殊的技能能够作为单独的"包装"出现。音乐方面有技巧的人未必在绘画方面有同等的技能。一位伟大的诗人可能很不善于理财或是与他人交往。我们有典型的例子,有些"白痴专家"在音乐或是数学领域具备才能,尽管在通常意义上是个脑瘫患者。

加德纳提出特殊技能的基础也就是"智能",是出生时或是在生命早期表现出来的过程的集合体,神经系统的基本结构使人对声音更加敏感、更得心应手。智慧的进一步发展与其他感官系统的信息输入、持之以恒的个人特征,儿童社会的支持与正确评价密切相关。

加德纳的多元智能理论具有重要的指导意义。其中一点是个人的优缺点应该在真实场景中得以评价,而不应在鼓励的测试环境下。比如,他建议用孩子在学校和课余的"学习档案"作为衡量孩子在校学习进步的手段。另一指导意义在于,个人的优点可以用来激发和支持孩子在其他领域的学习。比如,对阅读没有兴趣的孩子却对运动情有独钟,那么不妨向他介绍有关体育明星的故事书。

许多科学家运用不同的方式解释智能的问题,他们把智能分解成与基本神经中枢过程相关的单个行为。与特殊的神经中枢过程有关的行为例子有新奇的发现、神经中枢运行速度、适应、记忆能力和推测能力。当研究继续比较后来学校的学业成绩与基本行为考试成绩时,如果我们假设所衡量的范围就是"智能"的话就有些误导视听了。

戴维·韦克斯勒是著名的智能衡量专家,他精心定义"智能"是一种包括持之以恒、热情、冲动控制力和目标意识的总品质。这种品质并非直接用智力测试来衡量,但对孩子的成绩具有很大影响。家长们是可以影响这些品质的,无论是通过事例还是通过直接的鼓励。

音乐天才和大脑:莫扎特

对神童这种稀有现象的迷惑使我们思考像莫扎特这样极富天赋的儿童背后的起因。一位莫扎特同时代人的笔记是有一定启发性的。

塞缪尔·蒂斯特博士是洛桑地区知名的医生也是著名钟表匠的亲戚。令他记忆犹新的是 9 岁的莫扎特,虚岁 10 岁的时候就在 1766 年 10 月 11 日当地的期刊上发表了一篇叙述详尽的观察综述。他认为年幼的沃尔夫冈一部分的伟大音乐才能,是大脑天生形成的。他的大脑处理声音的方式使他的大脑程序在第一时间就非常留意声音的出现,使他对声音的定位与和谐极为敏感。不仅如此,键盘对于他来说有一种神奇的魔力,驱使他表达出在某一时刻的情感。音乐作为一种力量带领他走向纵深。音乐的吸引力使莫扎特花费相当多的时间不断地练习,其结果使他的音律系统更加完善。

蒂斯特博士指出如果莫扎特不是出生在一个音乐世家,他的音乐天赋可能永远无法发育起来。尽管孩子的大脑对声音和良好的肌肉运动控制有特殊的敏感和协调系统,但是练习与规则的把握也是非常重要的因素。他父亲对他能力的信心、不断的支持与鼓励也是他成功的重要组成部分。在最近有关"天才"与"刻意练习"关系的报道,其作者也强调,父母应该鼓励孩子树立自信心和不达目的不罢休的精神。

蒂斯特博士的某些观察对当今的父母来讲也是有关系的。蒂斯特告诉我们,莫扎特的父亲没有催促孩子沉浸在音乐中。而是尽量让孩子的能量保持均衡,以便使他能够在多方面持续发展。莫扎特和姐姐南宁尔把父亲看做楷模,对他的赞扬和不认可同样都能够接受。乐队的号手,安德烈斯·沙克特纳在莫扎特很小的时候就知道他,他描述莫扎特是个快活、热情的孩子,谈及莫扎特如果未接受这么好的教养很可能会学坏。

莫扎特的天才现象始终是个谜,尽管我们现在了解了更多关于音乐天赋的脑结构,这依然还是个谜。有些孩子起步时像莫扎特那样,却很快被湮没掉了。其他作曲家如卡米尔·圣-桑斯或是费利克斯·门德尔松都在童年时期被莫扎特的成功所笼罩着,没有写出能够与莫扎特相抗衡的作品来。

尝试找到大脑的差异可以解释天赋极高的个体所取得的超凡成就,科学家们曾经研究了列宁和爱因斯坦的大脑,但是其结果也并非是最终的。如果大脑的差异能够解释异常的天赋,我们便不可能运用解剖学来发现已经没有生命的大脑结构了。很可能未来的研究可以使用新的影像技术来帮助观察有生命大脑在生物化学和电生理学过程中的情况,从而来解释天才现象。

天生与教养

令人兴奋的消息总是在科学界和大众媒体上同时引起反响。媒体甚至在"智商天才"报道上过火。一组在普林斯顿大学、麻省理工学院和华盛顿大学的科学家发表声明他们改变了单个基因培育出一种老鼠,比用谜阵来测量记忆力和学习能力要更成功。这些实验的结果与最新人类基因组图重新点燃了我们对自然与教养的亲密关系——这一老生常谈话题的兴趣。

过去几年的研究揭开了自然与教养之间相关作用的部分奥秘。这种合作一方面是对大脑结构形成活动所起到的影响,展示了在细胞水平发生的过程。每个细胞包含一个人的基因代码副本,核酸的顺序提供用于制造细胞和细胞产品蛋白质的指南。基因也就是蛋白质的代码而不是行为本身。在基因中包含的指令行动之前,它们要被解开和表达出来。这时活动在起着作用。

活动刺激神经递质的释放。当一个神经递质分子在细胞表面的特殊感应器上停留的时候,由神经递质传递的信号从细胞的隔膜到核子再到基因。在错综复杂的过程中,基因被活化、信息得以传达、蛋白质得以合成。蛋白质随后被用来为建立树枝状结晶块、神经腱或是规范新陈代谢。教养与自然就是在这里进行直接互动的。

人脑自出生后在相当长时间里的发育已经形成了一个极为复杂的网络,这个网络与活动和个人需求相适应,是大脑无边可塑性的基础。进化中的基因微小突变在发展过程中是至关重要的,并导致进一步的发展。

但是,不是单个的基因就能说明具备复杂特征的神经中枢基础,比如语言能力或是持之以恒是多种基因共同作用的结果,而无法单独解释其行为。科学才刚刚开始阐明这些基因和特征之间的关系,比如语言缺陷。脾气涉及的基因近来得到了特殊的关注。一些人具备长串的特殊多巴胺感应器,他们比短链基因的人更容易有猎奇或是探索惊险的脾气,他们也更加深思熟虑和有秩序性。

我们无法回避基因的组成,我们也无法将它们与自然分开。当问及遗传学与环境、天生与教养哪个更重要时,神经科学家唐纳德·赫布反问:"是什么对长方形大小的形成起的作用更大呢?是长度还是宽度?"

基因与环境的互动在双胞胎和被领养的孩子间得到了广泛的探究。由于同一双胞胎分享着百分之百的基因组,某种意义上是天生的"克隆人",跟踪发现如果他们被领养到不同家庭,这就为我们提供了环境因素的重要洞察力。兄弟双胞胎和姐妹双胞胎只分享基因的50%。这些观察的总体结果揭示遗传学和环境的影响在个体身上的作用,其构成比例是50%对50%。但是遗传影响的重要性对所有的行为是不相等的,在不同的年龄时期的表现是不同的。

基于对同卵和异卵双胞胎的研究对比,罗伯特·普洛名和他的同事们预计遗传在语言技能变异方面的作用占60%,在空间技能变异方面占50%。语言和空间技能是两种最可继承的认知技能。口头推理、通常智能和外向比记忆或处理速度的继承比例要高。

研究表明,当脾气的元素被孩子的基因影响时,如果考虑所有其他因素,遗传的影响就相对不大了。有羞涩脾气倾向的孩子也许通过某些经历变得爱见生人了。羞涩、大胆、幽默感、好奇心、持续性和其他多数性格和我们所熟悉的脾气不是一种系统作用的结果。而是这些系统不断地相互作用,被孩子的精力所影响。总而言之,在极端行为方面所受的影响是比较高的。

科罗拉多州立大学的行为遗传学研究所的人员一直对一对同性双胞胎进行跟踪研究。从他们14个月大开始到童年后期,发现孩子是内向型还是外向型遗传从中所起的作用。极端的羞涩多发生在同卵双胞胎身上。对没有血缘关系而生活在一家中的领养的兄妹,脾气的相似似乎只不过是某种巧合。针对双胞胎第二年底前的三个脾气领域做的三大研究是:积极外向型行为,活动中体现出的能量,对目标任务的集中与持续。遗传同卵双胞胎表现得都很近似,没有遗传关系的领养孩子最不像,异卵双胞胎和亲兄妹表现居中。

当前的遗传研究事实告诉我们更多关于环境因素的作用,或是像罗伯特·普

洛名曾恰到好处地指出："教养的天生性。"如果基因在脾气的继承方面占据 50%
的比例，那么其他未知因素又占多少？为什么一个家庭中的两个孩子彼此不同，并
与随意挑选出的一对一样的不同呢？

　　对所有孩子都适用的解释，不仅是针对双胞胎，就是住在同一个家里并不意
味着处于"相同的环境"下。同一屋檐下成长的孩子共享和分享着周边的环境，而
这在他们的发育过程中是有作用的。共享的因素包括周围的社区文化、父母受教
育水平和家庭传统。但是，当今的研究还集中在未共享的特征方面。

　　兄弟姐妹，甚至是同卵双胞胎在一个家里长大的，在最开始所经历的环境也
是不同的。甚至在妈妈的子宫里，同卵双胞胎也没有完全相同的生长环境。后来，
每个孩子在家中与父母和兄弟姐妹形成了独特的个人关系。每个孩子有自己处理
事情、选择伙伴和阅读资料的方式。50%的环境影响中，未共享的环境或许要占到
47%。这表明使兄弟姐妹出现差异的能量比使他们相似的能量要强。

思 考 题

对孩子个性的认识会影响对他们的培养吗？

如果你的期望、需要、可行性与孩子的脾气、动机和能力和谐统一，那么孩子的性格就能得到最佳的塑造，那么"匹配"一词在此再合适不过了。由于父母也是个体，要想达到这种和谐统一也并不简单，将这些因素全部给予考虑是很重要的。

你可以根据孩子的脾气和秉性调整养育的方式。一个热情、富有权威的家教风格对羞涩或胆怯的孩子会有好处。而具有特别敏感神经系统的孩子比能够应对额外刺激的孩子更需要安静和有保障的环境。

给孩子施展特殊能量的时间，准备好随时调整你的期望值。如果孩子对你买的木琴没兴趣，或是他感到读书不如你小的时候那么容易，尽量不要失望。

父母会发现他们在不同脾气和技能的孩子和家庭生活之间寻找着和谐。让我们假设一对夫妇有个3岁的儿子，亚当，他相当害羞和严肃。他能够按时达到每段应该达到的运动技能，但是他动作迟缓，必须集中精力才能拿到想要的东西。如今他的弟弟伊桑出生了。从一开始伊桑就对周围的人笑眯眯的。他走路早，说话也早，是个可爱的小家伙。亚当或许感到受冷落了，当看到弟弟学什么都不费力气的时候就感到泄气。亚当的父母可以帮助他发现并发展他自己的特长和兴趣。帮他找到他能玩到一起的朋友。

对总是抱有消极情绪的孩子我该如何是好？

对有些人来讲这个杯子装了一半水，而对另外一些人来说它却有一半是空的。尽管基本的情绪是有生物基础的，也是脾气的一部分，他们是可以被环境影响的。如果孩子不停地说："我从来就做不好。"帮助他尝试解决问题的新途径。指出他做成功了的活动，鼓励他坚持并帮助他克服挫折。尽量突出积极的态度并帮助他在家庭团队中成为活跃分子，从而树立自信心。

如果我的孩子是性格内向的人我该怎么办？

在当今的社会中，我们有种感觉，每个人都应该是外向型的，非凡的领导者。如果如此那么这将是个令人生厌的社会。你的孩子没必要成为团队中的活跃分子。他可以只有几个朋友，性格内向的人比外向的人更谨慎和善于沉思。他们可能具有丰富的想象力和创造力。

但是，性格内向的人有时有特别的问题。如果你的孩子特别羞涩，你要帮他在他人中间制造积极的体验，因为这样会使他日后较为容易地融入集体中。有些害羞的孩子当出现问题的时候总是指责自己，而且自卑感很重。交流谈论这些感受或许能帮助孩子阻止日后导致抑郁症的趋势。少数极端羞涩和孤僻的孩子的怨气和愤怒到达一定程度，积累的敌意可能以暴力和残酷的行为爆发出来。尽早发现这样的孩子，帮助他们学会表露心声，用积极的方式来消除分歧。

11

给家长的十个指标

当今快速发展的年代,身为父母绝非易事,犹如身在密林之中的感觉也不足为奇。你会感到迷茫,不知所措,也没有向导。我们从书中的各章中摘录出这个指标。这些都是正常大脑在5~6岁之间的行为,无论孩子是生长在城里、市郊、农场还是渔村。

因为我们认为这些指标不仅仅代表着在童年时期,而是一生中都十分重要的行为。我们从中不无惊喜地发现与乔治·韦棱特在他的新作《愉快成长:快乐人生的神奇路标》中所描述的因素都是相通的,他的著作也是基于"哈佛成人发展研究"这一里程碑式的研究写就的。对付困境、享受终身学习和与人保持密切的人际关系的能力都是在童年时期的基础上发展而来的。

6岁的孩子能够:

1. 建立人际关系
2. 参与交谈
3. 表达同情心
4. 表露公正性
5. 制定目标并努力达到

6. 享受创新行为
7. 体验中学习
8. 战胜挫折
9. 有责任感
10. 有广阔的视野

十个指标

将每一个指标想象成孩子行为的中心特征标志。这个清单不意味着特殊的层次,我们完全可以将指标重新排列。或许你还可以往这个清单上增加些内容,当然这些指标并不意味着孩子一定要达到青少年或成人所应达到的水平。这能够给你一个孩子前进的方向。将个体的广泛差异牢记心中,你就会有意识何时对孩子的"仪表"进行适当的调整。

对所阐述的行为,孩子有能力实现并非就意味着都是自己独立完成的,这与孩子身边的各种各样的引导是密不可分的。这类似于孩子学习语言的过程。孩子生来就有语言的接受能力,然而经历决定了他们究竟说哪一种语言和说得怎么样。为了呈现如何运用这些指标,我们将用你已经见过的虚构的父母和孩子为例。

指标一:建立人际关系

德博拉和艾伦正在看指标一,关于孩子亲密的人际关系特征。亲密的人际关系往往是我们想当然的事情。孩子来到这个世界上完全依赖大人的呵护。随着孩子的成长,与成人之间的关系变得不再是单方面的,而是双向的。相互关心鼓励尊重与合作,从而减少惩戒式的方式,只说"我爱你"是不够的。

良好的关系是需要在日常生活当中不计其数的互动中来感受的。艾米丽在表露情感方面非常外向。早晨起来蹦着就下楼了,用胳膊搂着爸爸的腰。她会急不可待地告诉父母她在学校所做的事情。但艾米丽也会用其他方式表露她与同学的关系。当黛博拉的手指受伤时,艾米丽赶紧拿来自己的急救箱,并主动帮她刷碟子。艾米丽喜欢与父母一起整理花园或是厨房,喜欢听睡前故事。艾米丽明显地崇拜爸爸,还经常模仿他的说话或是重复他的笑话。艾米丽还非常喜欢跟爷爷奶奶过周末。

黛博拉特别留意了解艾米丽的朋友以及他们的父母。这是非常重要的,因为艾米丽现在花越来越多的时间在外面,并带回来好多新点子。黛博拉就在厨房吃点心或是分吃比萨饼的时候与孩子坐下来聊一聊。从中黛博拉了解到了孩子们所感兴趣的事情。与朋友的交往教会了艾米丽相互谦让的友谊。

尽管安德鲁比艾米丽小,但是黛博拉和艾伦感到同样也要问相似的问题。安德鲁远没有艾米丽外向,因此他们要稍微斟酌斟酌。他是否乐意交谈和与人共处?他是否参与家庭某些传统的活动?他是否乐于帮忙做家务?他有没有朋友?安德鲁还是很愿意与父母一起读故事书。如果要求他帮忙,他也会做的,但不像艾米丽那样雷厉风行。他不是那种马上能够融入一个圈子里的人,但有一个要好的朋友。直到最近,他还不太愿意与小朋友一起玩玩具,但是如今开始学习到,分享就是友谊的体现。

黛博拉和艾伦对孩子们所结交的伙伴还是满意的。同伴小组越发的重要。但他们没有单方面决定孩子的行为,而是观察孩子朋友们的类型。他们或许应该指出,比如一旦组里的谁给另一个人造成了伤害,他就可以拒绝交往了。

指标二:参与交谈

斯蒂文爸爸说:"他当然说话了。"但这个指标提出了一个更加具体的问题:"他能否参与交谈?"斯蒂文有时根本不留意是否有人在听他说话。事实上,他有时甚至不听他们的问题是什么——如果别人试图在他的喋喋不休中插话。

斯蒂文的父母决定做点什么使他成为谈话的积极者。他们运用日常生活中的场景:进餐时间、开车的时间、一起收拾厨房的时间或是讲故事的时间。当斯蒂文跟他们说话的时候,他们全神贯注。如果他想一齐都讲完,他们会说:"等一等,我可能没跟上。你说猫藏在哪儿了?"

交流是双向的,斯蒂文同样需要学习聆听他人的讲话。其中一种方式是,斯蒂文的父母要求在饭桌上每个人都有发言权。关于工作上的谈论他们留到最后就剩他们俩的时候再说。他们鼓励斯蒂文劝说弟弟而不是动手。

当汤米的妈妈停止在语言这项指标时,她不得不承认汤米的确不太听或是留意他人正在说些什么。他多半会把她推开,而不是文雅地说能否让他过去。他在操场上用拳头来表示自己的意见。是该跟老师好好谈谈的时候了。

汤米的妈妈意识到儿子需要更多的时间来练习说和听。她每天早起几分钟为的是能够跟他一起吃早饭。早餐给孩子一个良好的开端,是搜集孩子想法的时间。当然,好的营养对孩子是非常重要的。

她会试着带他去感兴趣的地方远足,比如动物园。每当这时她会对他全神贯注,并问一些他能回答的问题,因为他对动物懂得比她多。

指标三: 表达同情心

同情是参与他人情感的一种能力,能够与人分享忧愁、痛苦或是喜悦。同情是关心社会行为的基础,也是公正道德品质的基础。在孩子两岁那年,他们逐渐有个体意识的存在了,他们的关注范围由自己也逐渐扩展到周围的人。他们尝试着安慰和帮助他人。到 6 岁的时候,他们便能够谈论自己和他人的感情了,并对电影或故事书中的人的命运表示出同情之心。重要的是他们学习到的表达同情心的能力并不仅仅只作用于特定的群体。

马修的妈妈对他表露同情的情况做了些记录。一天晚上,妈妈头疼了,马修主动说要帮妈妈做饭,这样妈妈就可以躺在床上多休息了。当他妹妹磕着脚趾时,他就不停地安慰她。他把从鸟窝掉下来的小鸟带回家,并为它用树叶、小树枝和纸盒做了个舒适的窝。

但是如果孩子没有同情心的话，家长该怎么办呢？如果孩子表现得不是那么有爱心，家长就要用激发他们的荣誉感和想长大的欲望来鼓励他。但是任何的合理的理由和奖励都未必见效，孩子必须有机会亲眼看到大人在日常生活中是如何表达同情的。家长可以通过谈论别人的感受来强化。故事中关于人物在特定情况下表达的同情心是很好的方式。

孩子会发现被他帮助的人是多么喜悦。别忘了谢谢他在你们病了的时候送的鲜花。

害羞的孩子往往比外向的孩子所表露出的同情心要少。这并不一定意味着对他人漠不关心。他们也许是由于过分关注自己的忧伤，或是害怕与他人接触。家长这时便可以用谈论他们感受的方式帮助他们。当艾米丽做扁桃体手术时，安娜害怕去医院看她。当安娜的妈妈安慰她说，如果她能去医院，艾米丽会非常高兴的，这样安娜就去了医院。她亲眼看到自己的到来给艾米丽带来的快乐。

指标四：表露公正性

本书中所提到的孩子都表明他们已经发展了一种公正性，不仅仅只是服从任务。当孩子们听说像我们所提到在医院候诊室里那两个男孩的故事，他们都认为那个已经等了很长时间的孩子应该让另一个男孩先进去看病，因为这个男孩正在流血不止。孩子们知道公正性就是从不同的视角看问题，并有所作为。公正在思维和情感中均有体现。

我们见过孩子如何解释妖怪和祖母那种两难局面的方方面面，我们在如何克服那章中提及的偏见。4岁的孩子认为不管她是怎么抱闯进厨房的猫，"祖母"总是好人。而6岁的孩子则通过妖怪和祖母的行为来判断，而不仅只是通过表面现象。

威廉·戴蒙以讲故事和问一系列问题的方式来调查了孩子们公正性的发育情况。他说有一组小朋友用一整天来画画。一些小朋友画的多，一些画的少。一些孩子画的好，一些画的不那么好。一些孩子认真，而一些却不认真。一些孩子来自富裕家庭，一些来自贫苦家庭。一些是男孩，一些是女孩。他们画的画都将在学校的集市上来卖。

然后戴蒙问听到这个故事的孩子们，销售的收益应该如何公平地分配。4岁以下的孩子只是表达他们自己的愿望，4岁的孩子基本表达他们自己想要的，但是他们开始表示出武断的理由了。5~7岁的孩子建议所有的参与者都应该得到回报,解决纠纷的最好办法是平均分配。8岁的孩子就开始考虑个别问题了。他们认为如果画的多、家境贫穷或是身体有残疾的孩子回报就应该多一些。

戴蒙继续想看一看8岁的孩子是否在听到这个故事后真的会按照他们说的去做。他吩咐他们完成一项任务,让他们以分巧克力棒的方式来奖励那些画画的孩子。50%的孩子会照着自己说的做,10%的孩子比原则立场上的理由更加充分,剩下的40%在听到故事后没有按照他们的标准行事。其他研究者用戴蒙用的方法得到了类似的结果。

我们故事中的家长可以用很多例子让孩子表达对他人需求和权利的关心。谁看到游乐场上的汤米谁脑子里就会产生疑问。但我们希望汤米的妈妈下次再看到他玩的时候记住这条指标。

指标五:制定目标并努力达到

有些家长会对这一条感到疑惑的。6岁的孩子应该有什么样的目标?思考片刻后,艾米丽的妈妈说或许是阅读所有儿童喜爱的作家的作品。索尼亚的爸爸补充说也许是准备一次朗诵会。也可以是完成电动火车的轨道铺设。艾米丽的爸爸说也可能是学习像有关恐龙知识的愿望。孩子可以去博物馆,了解恐龙吃些什么,画一些恐龙的画。斯蒂文爸爸说省下零花钱买辆自行车也可能是孩子自己设定的目标。

所有这些都可以想象成"目标"。无论哪种情况,孩子都为自己设定了目标并试图找到一切办法来实现。就拿买自行车为例,斯蒂文可能计划用自己的零花钱和生日时得到的礼金积攒在一起。他计划在前并做好准备延迟即刻的满足以便能够达到自己的目标。其他的目标需要特别的行动才能实现。

家长能够看到孩子正在学习的事物及其重要性。而孩子只专注于他们正在做的事情,因为这是他们最感兴趣的事。因为他们内心有个目标,他们就能接受一些不太有意思的任务。尽管练习小提琴并不总是那么令人兴奋,索尼亚知道它的重要性。艾米丽不得不在洗她的画刷和收拾厨房桌子的时候也要嘟囔几句,不过她知道这是她该做的。

多数家长对孩子完成自己的任务所体会到的成就感和他们自己乐于计划和完成任务而高兴。孩子们从中也学习到他们具有的创造性活动是极其令人兴奋的。与看电视相比,他们更乐于自己做这样的事情。当然,这并不排除他们时不时也要欣赏一下自己喜欢的电视节目。

斯蒂文父母发现斯蒂文有个习惯,总是去做事情而不去好好完成它。他们要帮助他解决这个问题,鼓励他完成一项任务后再进行另一项。让他专注于某项任务,他们也要注意如何不令他轻易地感到灰心。

如果孩子不设定目标或许是感到气馁。或许是把目标定的太高了,因此很容易失望。家长需要帮助孩子制订切合实际的而同时又具有一定挑战性的目标。

指标六:享受创新行为

这个指标与好奇心、想象力和从音乐、美术中获得的乐趣有关。这些素质不仅帮助孩子了解世界,发展新思维,而且帮助他们能够更深入地了解人生,体会人生的乐趣。本书中提到的父母想出了一些孩子的例子来说明这一点。索尼亚爱好音乐,艾米丽喜欢捏泥动物,斯蒂文则喜欢在幼儿园唱歌跳舞。

安娜的妈妈说安娜总是喜欢听故事,还把自己想象为是其中的一个角色。安娜喜欢问"如果"这样的问题,"如果我是老师,我该怎么做?"她乐于扮演一种角色,从别人的观点出发。她的想象力允许她探索她的世界,使她结识新朋友,尽管她并不是那种真正具备冒险性的孩子。

汤米的妈妈突然意识到汤米的业余时间几乎都是在电视机前度过的。她记得汤米从幼儿园带回来的图画表现出了很好的想象力。或许她应该尽量减少汤米看电视的时间,而鼓励他画出一个故事来。她也记起来当地报纸上有个关于儿童绘画小组的通知,或许可以让汤米去试一试。

世界各地的孩子都对绘画、音乐和舞蹈感兴趣。对艺术的积极参与将为孩子打开一个探索的新天地。这些将激发孩子的想象力并让他体会创造力所带来的喜悦,从而能够用多种形式来表达自我。由于艺术能够表达人类的多面性,法国生物学家指出,艺术可能是在世界范围不同文化之间促进理解的重要途径。

指标七:体验中学习

日常生活充满了让孩子认识自己的行为所能产生的后果的机会。如果他们能够从中认识到,他们就很可能在未来的行为中更加富有责任感。对后果有所意识使他们在青少年时期不太可能以牺牲个人健康去尝试吸烟或是毒品。

斯蒂文妈妈马上回想起那天下午错过的机会。当时斯蒂文要了个巧克力冰激凌,可来了之后他却不想要了,而是想要草莓味的了,因为坐在他旁边的一个女孩子要的是草莓。斯蒂文妈妈让步了,给他又买了个草莓冰激凌。这样也就无法让他认识到自己的任何行为是有后果的。

在没有危险的条件下,给孩子犯错误的机会,并与他一同感受所带来的后果。

当马修周末去看外公外婆的时候,他执意要自己收拾箱子。他带了牙刷、袜子、衬衫和一件毛衣。他告诉妈妈不想带雨衣。可当天下雨的时候,他只好整个下午都呆在房子里,他很遗憾没有听妈妈的建议。下次他就不会再忘带了,因为从中吸取了教训。

指标八:战胜挫折

挫折是生活中的现实,孩子如果学习如何克服挫折而不是简单地回避,自己的将来会有备无患。这样的孩子能够学会持之以恒,暂时的失败也不会让自己泄气。青少年通常把对生活的厌倦和所受的挫折当做接近毒品的动机。

斯蒂文妈妈讲了一个送自行车当做斯蒂文生日礼物的故事。他高兴地冲出去,和街上的朋友们准备一起兜风。可他太用劲从车上摔了下来,又努力了一下也没成功。尽管没摔着哪儿,可他感到很气馁。他就把自行车放在车库的边上,不再碰它了,他就这样放弃了。斯蒂文这时需要认识到在日常生活中他可以克服挫折或是在将来的生活中避免类似事情的发生。这可能使他不愿尝试新的事物。斯蒂文爸爸说他会在周围没人的时候帮助他练车。他会向斯蒂文解释不是所有的男孩都能像小鸭子学游泳那样一下就会的,在他是斯蒂文这个年龄的时候同样是要好好练习才学会的。当斯蒂文的确经过努力能上路的时候,他的成功会告诉他所有的努力没白费。这就是一个从体验中学习的例子。

调整情绪也是学习应对挫折的一部分。索尼亚有时如果不顺心会"大吵大闹"。一天晚上,玩棋的时候输了,他就一下把棋盘掀翻在地,踩着棋子喊着,这是什么糟糕游戏。索尼亚的妈妈知道,告诉他不生气是毫无用处的,因为他总是有很多可以理解的理由。但是,她也明确指出伤害他人或者动物,或者制造荒唐的破坏都不是消除气愤的方法。下一次索尼亚生气的时候,妈妈就提醒他那次在停车场有人倒车的时候撞上她的车,她是何等的气愤。尽管她非常气愤也没有过去踢每一辆车。索尼亚听到这儿便笑了。因为踩棋盘的举动就变得有些愚蠢了。而这种情景付之一笑不愧是个放松自己和审时度势的好办法。

指标九:有责任感

在世界很多地方,不到 6 岁的儿童往往要照看比他更小的弟弟妹妹,比如为他们端水、洗衣服和供差遣。他们不总是被人称赞所做的事是多么的好。他们知道这是被人需要的,这使他们感觉自己很重要。在机械化程度不高的农村地区,为所有年龄孩子找工作要容易些。在当今社会,可能需要更多地把能够学习与玩乐兼顾的机会和想象力相结合。无论如何，我们不能低估孩子们，他们可以为我们的日常生活贡献不少力量。

为了使孩子培养起责任感，让他们在一定的时间里帮助打理日常家务也是很重要的。这样会帮助了解到家长对这种举动的赏识，同时尽管这些称不上有意思的事，但却是更重要目标的一部分。由于越来越多的家长外出工作，他们做家务的时间也越来越少。随着孩子年龄的增长，他们可以承担更多的责任。比如，3岁的孩子可以帮着摆桌上的餐具。4~5岁的可以做沙拉。再大一点儿，你不妨计划着让他为家人做顿饭。6岁的孩子可以帮着收集要洗的衣服，整理车库或是使用吸尘器。

最好用重要性来激发孩子在家里出力，而不是采用物质刺激。《新闻周刊》1999年10月18日刊登了这样一篇文章《十来岁(8~14岁)》。文章指出越来越小的孩子由于帮助做类似做饭、整理花园或是帮父母敲电脑而得到报酬。这样，孩子们能挣到相当一大笔钱。但是这样把家庭生活中的学习交换成廉价教育。如果要学习如何使用钱，孩子应该不间断地得到零用钱，而不是因孩子浪费了而不断地补充。

指标十：有广阔的视野

孩子6岁的时候，多数孩子能够对他们身边不只一件事情感兴趣。他们能够超越自己的关注点而考虑更大的范围。他们的圈子能够包括特定种族或是文化团体的成员。重要的是他们了解到了其他团体的存在，而且并不是一个比另一个一定要强。很多老师愿意邀请从其他国家来的访问者或团体到班上与孩子呆几个小时，以便为孩子提供会见这些人并向他们提些问题的机会。

孩子要学会无回报地帮助他人。他们通常对弱势群体和病人表现出更多的关注。孩子可能会打听他在街上遇到的无家可归者的情况。没必要给他们解释过多，你可以鼓励他对社会问题的敏感度。

马修想知道为什么盲人要用一个棍子走路，因此马修的妈妈就给他戴上了个眼罩，让他感受什么叫看不见。庆幸的是她有个邻居是盲人，他告诉马修如何使用盲棍。这位邻居期盼着他那看得见的小狗的到来，并说一旦小狗安顿好就邀请马修过来看。

与祖父母、太祖父母或是年长的家中成员聊天能够给予孩子一种被老年人需要的感觉。同时，也使孩子们意识到老人们总有许多有趣的故事可以讲给他们听。

书中的孩子们已经了解到了身边自然世界的重要性了。他们知道鱼需要水，野生动物需要大片的田野和森林,以便找到食物和安全的栖息地。

从现在开始,孩子在成人监护下的时间越来越少,逐渐地与外人共处的时间会越来越长。更加宽广的环境将对孩子思维发育产生影响。发展我们上面所述的这 10 种基本技能,使得孩子发育成长有一个好的起点。

策划编辑　肖　叶　单　亭
责任编辑　单　亭
封面设计　福瑞来书装
责任校对　林　华
责任印制　安利平